明清后妃的爱恨往事

那海 著

故宫出版社

目 录

苍苍横翠微——记明仁宗之张皇后

我听闻，那夜的玉箫之声

永乐六年，权妃从遥远的高丽选入大明宫中，被赋予了这样一个角色，这其中，包含愉悦、夜色、欲望。

往往，被奉为缪斯的女人，总能不断地撩拨、刺激着男人的情欲，从根本上为他们的生命注入异质的触酶，并不断地催生出一种通体散发着流光溢彩的生命活力。对于明成祖朱棣来说，权妃就是这样的女人。在陪伴多年的徐皇后去世后，年近半百的他迎来了生命中第一个让他真正融入浓情的女子，帝国的版图的扩张，以及国家强盛的雄心，以前所未有的激情铺展开来。

与那些皓腕上戴着珈蓝香镯子，双鬓浅戴金海棠珠花步摇、镶宝石蝶戏双花鎏金银簪的妃子相比，权妃身上只有一支玉箫，没有佩玉鸣銮，却旖旎曼妙，无人能及。

那个夜晚，留都南京，宴饮间，觥筹交错，淋漓酣畅处，权妃玉箫一曲，窈渺多远音，听者惊为天籁。

宁王朱权其时已入住江西缑岭东麓的道宫。朱棣起兵靖难时，曾与宁王约定，若相助攻下南京，则分天下而治。朱棣（图 1）登基后，宁王兵权尽夺，且移封南昌，一切已经另当别论。

这一年，他完成了道学著作《神隐志》，前来进呈成祖朱棣。

不知为什么，张氏总会记起那夜宁王的神情。他似乎陶醉于箫声之中，却又有无边无际的落寞。这位太祖第十七子，“白皙，美须髯，慧心天悟。自称大明奇士，好学博古，诸书无所不窥”，（焦竑《献征录》）深得朱元璋喜爱。永乐六年，他三十岁，神姿秀朗，目光沉静，已经潜心于道学、戏曲、

图 1 明成祖朱棣像

剧作之中。

“忽闻天外玉箫声，花下听来独自行。三十六宫秋一色，不知何处月偏明。”是夜，一曲听罢，宁王朱权写下宫词，众宾叫好。

成祖朱棣的眼神似是不经意地掠过自己的弟弟，有着几分放松。

那晚的风，柔和地拂过，已是阳春三月了。

此后陆陆续续地，听到宁王朱权的消息，关于他沉醉清虚，悉心茶道……再以后，他如同消失了一般。

当然，连宁王自己也不会知道，他再次被后人提及，是因为他的第九世孙八大山人，书画大家，其成就远超自己。明亡后，八大山人隐姓埋名遁迹空门，潜居山野，亦僧亦道，一切不过是因果也。

而权妃，永乐八年，跟随成祖远征漠北，十月，北征军全胜而归，返回途中，权妃在山东临城，突然重病而死。

张氏再记起那晚的权妃。“赢得君王留步辇，玉箫嘹亮月明中”。此后，她再也没有听过这样的玉箫之声。

有幸见闻权妃吹箫之人，睹其旖旎清雅，如今不过是唐人之词，“音尘绝，西风残照，汉家陵阙”。

史册是后人写就的，字里行间充盈着诡异。

《明史》只字不提的，未必就没有发生。

这原本是帝国壮阔长卷中曼妙的一页，脂粉，诗意，伤怀，但是故事还没有结束。

永乐十九年，距离权妃去世已有十余年。朝鲜《李朝实录》记载，明成祖因怀疑权妃死因可疑，一次性处死 2800 余名宫女，后又怀疑两名吕姓的朝鲜宫女谋害了权妃，再度引发大狱。

这些可怜的淑女，不论是何处选来，也不论受宠与否，大多难免一死。明初，保持着为皇帝殉葬的制度。朱棣死时，有 16 个后妃和数百宫女生殉，即使最受宠爱的韩氏和在吕氏惨案中幸免于难的崔氏亦在其列。倘若权妃活到永乐二十二年朱棣去世，倒也未必就能逃脱生殉的悲剧。

四月初八夜，北京紫禁城“奉天、华盖、谨身三殿灾”，投用才五个月不到的三大殿全部被火烧毁，经十余年耗尽民财才修建成的壮丽宫殿，化为灰烬，很多人丧身火海。成祖将此看成是上天和祖宗对他“靖难”夺位、强行迁都、大兴土木的愤怒，宫人则脸上含笑，奔走相告，以为灾难就此停止。

然而，后宫的杀戮并未消停。朱棣依旧如故，丝毫不以为戒，“恣行诛戮，无异平日。”（《李朝实录》）这是凶残的本性使然，至高的皇权所致，还是因为，传说中的“冲冠一怒为红颜”？

血腥与柔情，往往只有一滴泪的湿度。

张氏想起权妃以及漂泊不知踪迹的宁王朱权，如今，他们都安放在一本弥漫着壮阔与血腥的书里，似乎曾经的才情与惶恐离乱，都只为成全一本书中的文字。

艰难的册封

永乐二年。

南京，皇太子册封仪式。

朱高炽（图 2）肥胖的身躯，在金色的光亮中变得模糊。成祖朱棣的不快，溢于脸上。

朱棣此番册封皇太子，实属无奈。他欲立次子朱高煦。朱高煦勇猛英武，矫健善骑射，在靖难之役中，多次救父于危难之际。当初，朱棣就亲许，“勉力，世子多疾。”也就是说，“努力，你大哥多病，将来皇位必将是你的。”而第三子朱高燧机智聪慧，与成祖也颇为相似，倘若立其为皇太子，又何其不可？

皇世子朱高炽，臃肿肥胖，又有脚疾，走路都困难，需要两个侍从搀扶着，更不用说骑马射箭了。朱棣不喜欢朱高炽的理由，不用解释，尽人皆知。

每次，朱高炽距离太子之位似乎只有一步之遥，却又蹒跚着，被无形的力量推得很远。

事情总有转机。

对朱高炽的妻子张氏（图 3）来说，人的一生，其实不必有多少大事去做，实在地做好当下的每件小事，就是智慧。

图 2 明仁宗朱高炽像

图 3 张皇后像

宋代诗人张耒撰有《粥记》一文，劝人食粥养生，写道："每晨起，食粥一大碗。空腹胃虚，谷气便所补不细，又极柔腻，与脏腑相得，最为饮食之良妙。"

往往，天没亮，张氏就在御膳房忙碌。她将冬日的雪水与白米煮粥，快熟的时候，与梅花一起熬煮。熬粥是漫长的过程，等着一锅粥稠稠地熬好，味道清淡，又自有芬芳。每日，张氏将热乎乎的粥送到朱高炽面前，看着他用完早膳，想象定有养生之效，才安心地做其他事情。

某日，成祖与徐皇后突然驾临。看院子里种满时令蔬菜，菠菜绿得油亮，青菜鲜嫩，张氏正在洒扫庭院。

新妇乖巧、能干。她出身平民，"操妇道至谨，雅得成祖及仁孝皇后欢。"（《明史・后妃传》）

大凡成祖在内廷举办宴会，张氏就如同平常家庭的媳妇，总是亲自下厨。她处事得体，加之厨艺了得。有次她做南京的刀鱼。金陵人畏其多刺，她则仿制芜湖陶氏之法，用快刀，将鱼背斜切之，使碎骨尽断，再下锅煎黄，加作料，味道酥脆鲜美。让成祖与徐皇后赞不绝口。

成祖是看重这个媳妇的。史载他时常在大小场合说："新妇有贤德，以后我皇室家事多得依赖她了。"

后来，嫡长孙朱瞻基的出生，更让一切顺理成章。

洪武三十一年。一日午后，朱棣梦见太祖朱元璋将一个大圭赐给他，上刻：传之子孙，永世其昌。朱棣醒后，嫡长孙刚好出生。孙子满月之时，他一看，果然，"小儿英气溢面，符吾梦矣"，于是大喜。

朱高炽终于有了在父亲心中分量很重的筹码。

如今，张氏看到丈夫朱高炽从成祖手里接过太子玉玺，这一刻终于艰难地来到。

宫殿里的气氛，在那么一种大势已去的肃穆之中，又有那么一点点的窒息。

张氏抬起头，看到二弟朱高煦与三弟朱高燧的目光。阴冷，狡黠。

一切都还只是开始。

沉重的代价

事实上，在张氏看来，朱高炽能册封皇太子，解缙才是不折不扣的功臣。

许多年后，她还会记起大明第一才子解缙。是一股澎湃的忠义与才华的生命之流，让他成为在皇权之下依然独立的、活生生的、桀骜的一个人。

张氏后来也读过解缙编纂的《永乐大典》，让人为其才气折服。解缙的书法更有笔墨所承载的生命迹象的鲜活，明何乔远《名山藏》称其狂草"得法于危素、周伯琦。其书傲让相缀，神气百倍"，自有风骨，世人赞之。

成祖欣赏解缙。解缙十九岁中进士，为明太祖朱元璋所器重。后因上"万言书"批评朝政，被罢官八年之久。成祖登基后重用解缙，他对诸臣说："天下不可一日无我，我则不可一日少解缙。"

作为明朝第一位内阁首辅，解缙迎来他仕途最为得意的时候。

一个人直视阳光，他有什么感觉？这光亮毫不容情，或许这光芒会使我失明。

有次夜深，成祖密见解缙，提及自己意欲立皇二子朱高煦为皇太子，询问解缙有何高见。成祖的意思不言而喻。偏偏解缙直言而说："皇长子仁孝，天下归心。"成祖当即耷拉下脸。

解缙说："好圣孙！"

他指的是朱瞻基（图 4）。

历史记录的对白就是如此简单。

成祖终为之所动。

只是，皇太子朱高炽并非稳坐东宫之位。一直对皇太子心存不满，同时也经不起汉、赵二王窥其位多有谗陷的成祖朱棣，意欲废太子。

作为竭力主张朱高炽为皇太子的解缙，他的厄运必然到来。永乐五年，解缙被贬广西。

永乐八年，解缙路远迢迢，入京奏事，正值成祖北征未归，皇太子朱高炽监国，解缙便来谒见。

皇太子敬重解缙。这是一次短暂的见面，礼节性的寒暄后，解缙就告

图 4 明宣宗朱瞻基像

退了。

他的个子矮小，一步一顿，慢慢走远了。

这宫殿之大并非没有尽头。

这也是张氏最后一次见解缙。

此后解缙入狱，罪名是，“无人臣礼”。解缙与皇太子一次普通的会面，成为解缙私自见太子，意欲图谋不轨的罪行。朱棣为之震怒。

这是汉王朱高煦在多次构陷解缙，步步逼其置于险境后，使出的杀手锏。

解缙被投入大牢，遭遇严刑拷打，株连数人，妻子宗族被远徙辽东。

再次听闻解缙之名，是在永乐十三年正月十三日。解缙已被关押五年。成祖看到锦衣卫帅纪纲上报的囚籍中有解缙名，问了一句耐人寻味的话："缙犹在耶？"

这年的正月，天寒地冻，刚好下了一场雪。

多久不见光亮的解缙，听到有人开门进来。纪纲手里还有一大壶酒。解缙欢喜之余，酒醉即睡。

史载，纪纲奉汉王朱高煦之命，将解缙灌醉，全身赤裸，冻死於雪地。

这样的结局，他自己怎能想到？

日后，他若知张氏始终以不二之心重用杨士奇、杨荣、杨溥三位内阁大臣，或许，也是一种安慰。也正是张氏的这份倚重与信赖，从而开启了仁宣之治的繁荣昌盛。

这是另一种结论

说起来，尽管此三子都是徐皇后（图 5）所生，最终立皇世子朱高炽为皇太子，在徐皇后看来，绝非只是因为恪守古训。

这一刻，徐皇后比谁都明白这其中的缘由。

事实上，哪怕成祖如今稳坐宝座，他总有一个心结。那就是，建文帝生死未卜。

《明史本纪第四》称，"宫中火起，帝不知所终。"后来有传言，说建文帝由地道出亡，自后滇、黔、巴、蜀间，都有他为僧人时的足迹。

成祖内心始终不得安稳。当他在建文四年，攻下当时的首都南京，自此取而代之，当上皇帝，

他开始清除建文旧臣，对主张"削藩"以及抵抗"靖难之师"的人进行严酷无情的报复。

作为庞大帝国的开拓者，成祖内心的这份恐惧并未消减。在建文朝的

图5 徐皇后像

名臣方孝孺被诛十族后，有一日午睡时间，朱棣突然从噩梦中惊醒，他坐起身，神情恐怖又凄惶，口里喊着：快来人。

他梦见了前朝的臣子景清，手持宝剑逼近他。

那个下午，景清的九族以及乡亲，被杀的有几百人之多，一个村庄化为废墟。令人毛骨悚然的“瓜蔓抄”。

尽情品尝权力，对统治者来说，不啻为一场盛宴。为捍卫至高无上的皇权，厮杀与血腥，徐皇后并不愿看到。我们对承认自己的过错与弱点，总是太过于惧怕。这是对莫测未来的恐惧，当一张脸上灰白的鬓发与狰狞的眼神，所有的努力都只能摧毁。

命运给人安排了许多结局。但是，结局只有一个。历史始终在延伸，毫无顾念。

尽管都是自己所生，二子朱高煦、三子朱高燧，秉性相似，贪婪、欲望、狂妄……都不是徐皇后眼中的皇太子人选。倒是大儿子，生性沉静，仁厚。母亲最为看重。

没有比母亲更能读懂自己的儿子。

永乐二年，当张氏从世子妃册为皇太子妃时，她已是徐皇后身边最为信任的媳妇。成祖曾多次想要废掉朱高炽的太子之位，他削减大儿子的膳食，勒令其减肥，却终究没有废太子。《明史·后妃传》究其缘由，则称，"卒以后故得不废。"这一切都因为张皇后的缘故，才没有废掉。

张氏一路目睹王朝更替时的血腥，而她的仁心、贤惠，好学，无疑，也让徐皇后对其寄予了厚望。

当初，徐皇后以"幼贞静，好读书，称女诸生"闻名，太祖朱元璋亲聘其为四子朱棣之妃。如今，张氏以其特有的品质，让徐皇后初见张氏时，突然有尘埃落定的安稳。多年后，当张氏册立为后，《明史・后妃传》称其"中外政事，莫不周知"，果然，绝非虚言。

说起来，明太祖朱元璋建国之初，就提出"后宫不得干政"的祖训，但是作为大明开国元勋徐达之女的徐皇后，她是公开宣称要求参与朝政的。理由是，"妇之事夫，奚止馈食衣服而已，必有助焉。"(《明史・后妃传》)果不其然，建文元年，成祖起兵靖难，命朱高炽留守北京。朝廷派大将李景隆率 50 万大军围攻北京，徐皇后在危机之中披上战甲，与大儿子朱高炽一起，以万人之军成功地保住了北京城。作为这场战争的另一个亲历者张氏，她内心的激荡不言而喻。

此后，朱棣登基，徐皇后劝帝"广求贤才，恩礼宗室"，永乐盛世揭开帷幕。作为徐皇后看重的皇太子妃，张氏明白自己的使命。

怎么说呢。日子就是这样，有时惊心动魄，有时荒凉，有时异样、仓促、散乱，有时轻盈地迎着阳光。在这些光亮中，仁爱始终是我们与这世界讲和的唯一方式，也是这世界最初和最后的爱。

徐皇后选择张氏的初衷，或许也正在此。

路的终点，都会有些东西等待

张氏时常会忆及那些很久远的人与事。

时间并无终点，中间迂回曲折，以致我们对它进行没完没了的分析和解说，无非只是，对生命的复杂的一种宽容。

永乐十九年，成祖朱棣正式迁都北京（图6）。紫禁城布局谨严，庄严恢宏，朝暾夕曛中，仿若人间仙境。

三年后，朱高炽登上皇位。

……

张氏会想起留都南京。窗户的另一边的花园，能看到院墙，洒落着银杏树的叶子。再往上看，就是明净的天空。这是辽阔的所在，所有的生命，都安放在这无此无彼的辽远的地方。

一个人活得比别人久长，她本身在经历着他人，他人也在经历着她。

她的一生，经历了明初洪武、建文、永乐、洪熙、宣德、正统六朝；她由平民女子到世子妃、太子妃，再到母仪天下的皇后，皇太后，太皇太后；在她参与朝政后，“仁宣之治”，为世人称道，而重用“三杨”，巩固皇权，太平盛世，她也被史册称为“女中尧舜”。后人赞誉张氏的政绩与智慧。事实上，倘若没有那历史深处走来的每一步，没有亲历朝代更替的叵测与血腥，不会有“女中尧舜”之称的明仁宗之张皇后。

她记起建文年间，朱高炽收到建文帝派使者送来的信件，信中许诺，如果朱高炽归顺朝廷，将册封为王。她看着丈夫，两人没有说话，早有默契。他的目光没有犹疑与闪躲，而她，沉稳而坚定。那封信，原封不动，交给

图 6　紫禁城南望午门城楼

了成祖。

多年后，丈夫登基，可是不到十个月就去世——经历漫长的监国，二十年来的皇太子位置的几乎不保，待终于登上大位，死亡很快就降临了。

再以后，儿子宣宗早逝，孙子英宗年幼即位……

各种磨难与经历，都会在面庞上留下无法消磨的痕迹。这也是各种幸运眷顾的痕迹。

一个女子有多少的心量与智慧，才能在这片忠实的土地上，以淳良的性情，勇敢而简朴的思想，清晰的行动，以及大是大非面前的从容淡定，承担她的使命。

回望一生，倘能有李白的“却顾所来径，苍苍横翠微”，亦复隽妙。

过分的估价——记万贵妃

壹

明英宗正统十四年（1449 年），万贞儿应孙太后之命前来照顾皇太子朱见深。

这一年，万贞儿21岁，正谙风情。似是刚成熟的水蜜桃，饱满多汁。

太子才两岁，尚未断乳。

成化二年（1466 年），明宪宗册立万贞儿为皇贵妃，“宠冠六宫”。

成化二十三年（1487 年）正月，万贵妃离世，时年 59岁。明宪宗长叹曰：“万侍长去了，我亦将去矣”。八月，年仅40岁的明宪宗追随而去。

后世疑惑明宪宗（图 7）何以弃后宫三千佳丽于不顾，对年长于己十九岁的半老徐娘情有独钟，且“终身眷之”（《明史》）。而万氏若无杨贵妃之绝世美艳，又有何过人之处，撩人心魄，将明宪宗紧紧掌控?

这桩被后世称为“成化畸恋”的爱情故事，果真波澜起伏，耐人寻味。

贰

在历史学家看来，公元1449 年可算明代的一段分水岭。

这一年可谓多事之秋。1449 年，蒙古瓦剌部落首领率军南下伐明，宦官王振不顾朝廷大臣的反对，怂使 22 岁的英宗朱祁镇御驾亲征。

朱祁镇的激情与冒险精神可见一斑。自他登极，距朱元璋开基建国大明王朝已有近70年的时间。“仁宣之治”继承了洪武、永乐基业，宇内承平，经济复苏，国家呈现出繁荣强盛的态势。按照历史发展的正常轨迹，明英宗最起码应当是个守成之君、太平天子，但是土木堡之变，彻底改变了他

图7 明宪宗像

的命运，也让大明王朝陷入前所未有的危机中。

八月，英宗率兵50万在土木堡突围不成，反被蒙古瓦剌军扣为人质。消息传到北京，朝中一片混乱。

一番纷争之后，群臣与孙太后商议，为免瓦剌军挟制当今皇上而在谈判时逞上风，决定遥尊英宗为太上皇，另立英宗异母之弟朱祁钰即位为景帝。同时，诏立英宗年仅两岁的朱见深为皇太子。

孙太后的焦虑溢于言表。英宗正在敌军手中生死未卜，钱皇后终日以泪洗面，周妃惶惶不知所终，年仅两岁的太子早已令人虎视眈眈。谁能去照顾太子呢?

孙太后选择了万贞儿。

作为太后身边的贴身侍女，万贞儿四岁入宫，聪明机警。多年的宫中生活，让她懂事乖巧，也让她学会了讨巧与迎合。

她似有委屈。21岁的女子，青春正是好时候，却要守在东宫，照顾两岁孩子的衣食住行。这不仅是我们现在说的保姆，当然也是保镖。

只是，谁也难以想到，万贞儿初见这个比自己小 19 岁的男孩，却注定未来的皇帝与她一生的情缘。

他蹒跚着，一头扑进她的怀里，紧紧地抱着她不放。这是母亲周妃身上的乳香，也似是特别的女人香。让他无比安心，却也终身迷醉。

历史总在轮回，一次又一次地上演同一场剧目。

1450年，明英宗被瓦剌军释放。但是，在“天无二日，国无二主”的传统中，明代宗重演前朝成祖朱棣与其侄子惠帝朱允炆的皇权纷争，将自己的兄长困于南宫软禁，并将南宫的大门上锁并灌铅，加派锦衣卫看守。此后，他改立自己的儿子朱见济为太子，朱见深被废为沂王。

对于朱见深来说，命运似乎注定要对他开一个玩笑。太子身份的立与废，是他童年时代最为诡异的事件。他曾无限接近皇权，而在太子被废后，他在鄙夷与惊吓中逐渐长大。这其中的不安、疑惑、沮丧以及胆战心惊，可想而知。

他时常害怕得整夜睡不着。看着窗户外一点点灰蒙蒙的光亮渐渐地黯淡下来，又点点地有了光亮。此时她总会起身，走过来睡在他的身边，将瑟瑟发抖的他揽进自己丰满的怀抱，轻轻地拍打着，让他入睡。

这是他年幼最无助的时候。而万贞儿，是他生命中最可留恋与依赖的女子。

这份爱，如果要回报，可用一生。但它不是爱情，应该是恩情。

可是，谁能分清爱情、恩情的界限?

我们只能说，任凭万贞儿如何有机心，她当时也不会想到要把这个流着鼻涕哭着要奶的废太子，培养成日后自己的丈夫。

如果说最初万贞儿照顾朱见深只是应命而为，久而久之，这种情感，成了怜惜。

女人怜惜一个男人的时候，也是她母性最浓之时。

而这往往最让逐渐长大的男人心襟摇荡，难以把持。

历史的烟云,总是如此雾霭沉沉,风波流转。天顺元年（1457 年）正月，度过了7年惊恐与饥饿的软禁生活，英宗朱祁镇夺门复辟，重新成为皇帝。废太子朱见深又被立为太子。

这年，太子10岁，万贞儿29岁。

她愈发丰满白皙。在等待他长大的漫长时光，所有孤寂的情感与无法排遣的热情，都倾注在他身上。似是情窦初开，又似是唤起了多年前一直深埋心底的少女情怀。一种暧昧的温柔，在心底暗涌。

他还在长大。

这一切暂时还都在悄无声息地进行。

可是，在他13岁的一天晚上，她像往常一样为他整理寝衣。他不经意地低头，看着她薄织藕色绸缎衫，若隐若现，酥胸半露，一下子怔住。

他似乎第一次发现，这个他敬畏、亲近的女子，竟有着海藻般乌黑的头发，白嫩的肤色，如此丰润，风流全在眉梢，情思悉堆眼角，青春扑面而来。

这么多年，她有足够的耐心等待他成长。但是现在，她也是急不可耐。

有时，只需要一个挑逗。

他纵情其中，将她的风情咀嚼了无数次。

这一切水到渠成。

叁

天顺七年（1463年），太子已满15岁。为太子选妃的工程也在紧锣密鼓地进行。

经过严格的初选，进入英宗面试的还有12人。到最后，吴氏、王氏，以及柏氏脱颖而出。

朱见深曾执意想立半老徐娘的万贞儿为皇后，但这是大明王朝无法接受的。英宗直至临死也无法钦定选中的三人立谁为皇后，也似有难言之处。

天顺八年（1464年）正月，明英宗驾崩，朱见深即位。七月，紫禁城举行隆重的大婚典礼，吴氏成为明宪宗的第一任皇后。

这桩婚姻不过是明宪宗应太后之命而为。它注定是个悲剧。

以统记明代史事的纪传体史书《罪惟录》的说法，吴皇后“聪敏知书，巧能鼓瑟”。出身书香门第，懂音乐书画，庄重雍容的吴皇后，有母仪天下之态。只是可惜，在朱见深心中，万贞儿才是他心中永远的皇后。

吴皇后虽贵为六宫之首，尊享宫内一切尊荣，年轻貌美，宪宗对她却并不热络，这个皇后当得委实是有名无实。

《明史》提道：“万氏丰艳有肌，每上出游，必戎服佩刀，侍立左右。”明宪宗每次出外，万贞儿倒是金刀护卫，策马鞍前，戎装相陪，英姿飒爽，可见其之宠幸。

明宪宗与万贞儿朝夕相伴。吴皇后不明白自己为何不敌一个身体发胖、年长皇帝19岁的女子。

而这边，万贞儿对皇后的妒意也正在慢慢滋生。

有实无名，是她所不甘心的。

令吴皇后气愤的是，万贞儿对自己总是冷言冷语，有时甚至当面怒目相视。

关于此事，历来有严谨之称的《明史》提道：“后既立，摘其过，杖之。”吴皇后某日当众指责万氏，万氏当然反驳，吴皇后则喝令侍女痛打她一顿，以肃宫中之风。

这是女人之间的争斗，宫闱之中，这些吵闹实属正常。

在女人与女人之间，总是存在着古老的敌意。更何况，是在后宫。

对于吴皇后来说，这不仅是逞一时之痛快，也是整顿风气，树立自己作为大明皇后之威严的时候。

但是，吴皇后没有想到，自己遇上的对手是万贞儿。

更何况，这本身就是陷阱。

万贵妃哭得梨花带雨，她把衣服解开，宪宗看到她白嫩的身体血痕斑斑，痛在心中，怜惜不止。

他见惯她的强势，却难得见她柔弱。当年她倾尽生命保护自己，如今贵为天子，他怎能容忍让别人欺负她。

本来就对立后之事不满的宪宗，此时越是有了理由。

《明史》评价此事："妃已三十有五，机警，善迎帝意，遂谗废皇后吴氏。"

万氏一"迎"一"谗"，明宪宗于是废后。吴氏做皇后仅仅一个月多一天。她是历史上在位最短的一个皇后。

但是，这还不是万氏遂愿的时候。

尽管宪宗对万氏情有独钟，但是万氏毕竟不是英宗所确定的皇后候选人。在册立吴氏为皇后相隔81天后，宫廷又为册立王氏举行了相同规模的隆重的庆典。身材柔美娇小，别有韵味的王氏顺利地入主坤宁宫，成为明宪宗的第二位皇后。

王皇后（图8）的父亲是中军都督王振。他深知后宫的艰险，以及万氏的心计，劝说女儿做到"自保"。

继立的王皇后，自然从中吸取了教训。王氏这个皇后当得是确实窝囊。凡事不敢多说，不管万氏如何折腾，她总是默默躲到一边。《明史》载："后处之淡如"。《罪惟录》卷二则载："后终其身不十幸。"一辈子得不到十次临幸，致使她没能为宪宗生儿育女。这其中的心酸与悲苦，在心底此消彼长，陪伴她走向终老。

而万氏，则成为成化朝后宫真正的主人。

图8 明宪宗王皇后像

肆

成化二年（1466）正月，万氏生下皇长子。明宪宗非常高兴，派人四处祭祀山川，并封万氏为贵妃。

终成化一朝，除了南方广西的瑶族叛乱、荆襄郧阳山区的流民暴动以外，政局基本上比较平稳。明宪宗不像成祖朱棣暴虐、嗜血，也不像他父亲那样喜欢冒险，他谨慎、安静，即位之初，他还为于谦冤案昭雪，平反夺门一案，让人看到明君之风。

可惜，宪宗的治国宏图只是昙花一现。

万贵妃得子封贵，势倾朝野。“成化一朝，佞幸竞进，皆凭万氏”。（《明史·后妃传》）皇帝专宠万贵妃，对她是言听计从，而万贵妃更是能牢牢地笼络住皇帝的心。

先是万贵妃的父亲万贵，被封为锦衣卫都指挥使。一人得道，鸡犬升天。其兄弟子侄万通、万喜、万达也相继封官，侦伺百官，统领诏狱，控制朝官。

而随着万贵妃的擅宠得势，一大群趋炎附势的奸佞之臣云集门下。汪直、梁芳、钱能、覃勤、韦兴等人，都是万贵妃的私臣。他们利用万贵妃来争夺权力，谋取个人利益。

明宪宗是专情之人。据明人笔记载，都督同知马良从小就陪侍宪宗，深得宠信。可是，当宪宗得知马良丧妻不久就续娶，认为其“夫妻之情，何其薄也”，便疏远了马良。

他对万贵妃始终如一。他自己都已无法分清，从两岁到现在，他对她，是习惯还是激情，是爱情还是谢恩。

成化二年（1466 年），有可能成为大明王朝第九个皇帝的皇长子，还不及命名，就夭折了。

对万贞儿来说，这是无法接受的现实。尽管为宪宗所宠，但是多年的后宫生活，使她明白母以子贵，也使她把皇长子作为下这盘宏大缜密的棋局的一个重要棋子。

皇长子之死，断了万贵妃成为皇太后之梦。她已年届 40，生育的希望甚为渺茫。但是，她也绝不允许其他妃嫔比她先生儿子。

至此，万氏心绪已经产生了很大变化。

大抵深宫戏，都会述说女人间的争斗，不遗余力地表现美丽面具下的邪恶。确实，有时我们实在难以想象，那些原本善良或者只是“颇有机心”的人，一旦自己的目标无法达成，为何会突然面目全非，不择手段，让人惊骇。

说起来，人间的生活，本质上无非是欲望与心的争斗。

权力终归是让人迷醉的东西，男人因之得以建功立业，女人则希望通过男人来享受这份迷醉。

万贵妃开始极力限制宪宗的私生活，对宪宗偶尔御幸的人则采取极为阴鸷的手段。她把自己的心腹亲信安置在宫中各个地方，监视着宪宗和其他妃嫔的一举一动。

《明史・列传》佐证："时万贵妃专宠而妒，后宫有娠者皆治使堕。"这种妒意，可称蛇蝎之心。当时后宫中凡是被皇上临幸的女子，只要有身孕，万贵妃都立即使人灌其药，致其流产，境况惨不忍睹。

但也有例外。被英宗钦定的三女子之中的柏氏由于身份特殊，受到了严格保护。成化五年生下皇次子朱祐极。成化七年（1471 年）十一月，朱祐极被立为皇太子。只是仅过三个月，小太子忽然暴病而死。柏贤妃也莫名其妙跟随死去。

当然，没有确凿史料证明此事有万贵妃的参与。但是，成化年间，奸佞当权，西厂横恣，方士妖僧，滥恩无纪，却是不争的事实。对生儿子几近疯狂的万贵妃，一面动用旁门左道告祈，一面到处搜集淫药春方以图捆住宪宗。

万贵妃日趋肥胖的身影，如同漫无边际的网，彻底地笼罩了明宪宗。

伍

明宪宗一度很是疑惑。他无法解开此谜。

大明王朝发生奇特的事情，便是，外廷大臣上疏请皇帝"溥恩泽"——也就是外廷大臣请求皇帝多宠幸宫中其他的嫔妃。

用《明史》的表达就是：中外以皇上无子而忧。

宪宗青春年少，欲壑难填。尽管万氏专横，后宫佳丽无数，与生育的任务一旦挂钩，御幸的次数与人数应不少。但是辛勤努力的结果是，直到而立之年，他望眼欲穿，膝下依然冷冷清清。

怎么说呢？新生命与堕胎药的战争，从不停歇。

成化十一年（1475 年），明宪宗叫张敏给自己梳头，看镜中，华发初生，照镜叹曰："老将至而无子。"

张敏伏地曰："死罪，万岁已有子也。"

帝愕然，问安在。

对曰："奴言即死，万岁当为皇子主。"

于是太监怀恩顿首曰："敏言是。皇子潜养西内，今已六岁矣，匿不敢闻。"

这段记述来自《明史》。一桩天大的喜事，竟然隐藏了六年，连皇帝也不知，实在荒谬。

这个皇子，就是后来的明孝宗朱祐樘（图 9）。

这事要追溯到成化六年（1470 年）。明宪宗偶尔经过内藏，见蛮女纪氏"应对称旨"，"悦"，便"幸之"。纪氏遂怀孕。

这以后的故事，便是一场没有硝烟的保卫战。

万氏当时知道后，立即命令一名女官前往打探情况。没有想到女官力图保住"龙种"，她回来报告说：哪是怀孕，分明是纪氏肚子里长了肿块。

孝宗就此逃过一劫。

孩子降生后，万贵妃大怒，派太监张敏去溺死这个孩子。张敏却冒险将纪氏母子悄悄移居到西内，宫中的太监怀恩以及宫女们则尽力保全。废皇后吴氏也来帮助抚养。

大明王朝善良的人们与万贵妃的对抗，就此展开。

大概是真命天子命不该绝。明孝宗出生六年，隐藏在安乐堂附近的密室里，甚至连胎发都不敢剪。及至明宪宗闻讯，大喜，遣使往迎皇子，才得以父子相见。

当是时，六岁的儿子长发披地，奔向自己的亲父亲。明宪宗悲喜交集，说："这是我的儿子。像我啊。"

没过多久，纪氏暴病而死。还有一种说法，是纪氏自缢。

张敏知道自己无法保全生命，"亦吞金死"。

《孝宗本纪》载："宪宗始知之，育周太后宫中。"明孝宗朱祐樘是由宪宗亲自放到周太后那里养育的，这才保证了孝宗的安全。

此时，他已经知道，原来深爱的女人，一直在不断设计断其后裔，以免失一己之私宠。我们无法想象宪宗当时的心情。

或许，在他看来，值得自己切齿痛恨与切肤痛惜的，才是情人。而爱上一个不该爱的女人，往下走，不是覆水难收，而是原谅。

图 9 明孝宗像

陆

唐朝美女，大多丰胸肥臀，如一朵恣意盛开的花，既鲜活，又饱满，让人尽享养眼的艳福。

万贞儿也是丰胸肥臀。我们总喜欢给那些深受男人宠爱的女子配上对等的容貌，不是风姿绝代，就是色艺双全。但万贞儿让大家失望了。

据历史记载，万贞儿相貌平平，身体肥胖，可能只是保养较好，皮肤白嫩点，并无倾国倾城之貌。《罪惟录》则称其“貌雄声巨，类男子”。

朱见深的母亲周太后实在不解，质问过儿子：“彼有何美，而承恩多。”朱见深称：“臣有疝疾，彼抚摩，吾安之，不在貌也。”回答实在露骨，其中的缘由可以想象。

成化中后期，随着皇帝对万贞儿的宠爱，以及对宦官汪直、梁芳等人的重用，大臣们便很少能见到他。明宪宗本来就对朝事没有兴趣，童年时的遭遇让他说话有严重的口吃，也使他不愿意上朝理政。而他的平庸也被人讥笑。据说由于宪宗口吃，一个叫施纯的寺卿便建议皇帝上朝只说“照例”两个字作为答复。宪宗觉得方便，非常高兴，就把施纯越格提拔为礼部尚书。众人讥讪施纯为“两字尚书”，此事传为笑柄。

万贞儿此时已过不惑之年，却又想紧紧抓住宪宗之心，更是费尽心机。

她一边搜集房中术以期宠幸于宪宗，一边怂恿宪宗临幸其他妃子，以便有其他皇子降生，可以废掉太子朱祐樘。

《明史》记述，当时明孝宗朱祐樘年纪虽小，却颇懂世事。立为太子后，有一次万贵妃请皇太子过来吃东西。没有想到给他食物时，他说：吃饱了。让他喝汤，说：怕有毒。当时，万贵妃差点气晕过去，这个小孩才几岁就如此，长大当上皇帝还不是任他宰割。于是力图废掉朱祐樘这个太子。

幸好，这年泰山连续地震。占卜者以为东岳震动，意味着东宫不稳，废太子之议才作罢。

这以后，宪宗与妃嫔宫人耳鬓厮磨，终日沉溺于春药和性事。这样倒也是新添了十几位龙儿凤女，另一方面，却是越发怠于朝政，沉迷于神仙、佛道和长寿秘术，纵情于声色之娱和货利之乐，政治走向昏庸与腐败。

万贵妃干政，也为那些正直之士所不容。《明史》中提到张泰，“偕同官谏万贵妃干政，廷杖几毙。”自此，众皆噤声。

我们回看这段历史，会发现万贵妃其实也非有意篡夺政位，操纵朝廷政事。她与万历帝的郑贵妃不同，她并不是一个有强大权力欲望之人。或者说她只是想紧紧抓住比自己小 19 岁皇帝的心，巩固自己在后宫的特殊地位。只是，随着事态的发展，已是无可控制。

明宪宗的童年卷入宫廷斗争的漩涡中，他对万贞儿的依恋，以及对母性及亲情的眷恋，使得宪宗的这份爱意无法自拔。这样也给成化一朝的政治走向定下一个基调，使得部分皇权隐形地转移到了后妃的手中。

一个自私骄恣的女人，居然能左右大历史，让人叹息。

柒

让明宪宗想不到的是，在位23年，后世对其赞誉的，却是他用来欢娱万贵妃的斗彩瓷（图 10）。

这种彩瓷，淡雅的青花和釉上艳丽的五彩相配，柔和幽婉。它无永乐、宣德时期瓷器的豪放与粗犷，却又别有阴柔之美，赏心悦目，尤为万贵妃所喜欢。

明宪宗曾数次派遣宦官至景德镇监督烧造，交派景德镇御窑厂烧制精

图 10　成化款斗彩高士杯

美瓷器，且要求极为严格。在历史档案中虽找不到具体的数字，但《明史·食货志》概括性地叙述了当时烧造之多："成化间，遣中官之浮梁景德镇，烧造御用瓷器，最多且久，费不赀。"

明宪宗与万贞儿的爱，却无法如同这些传世之彩瓷，洁白纯净，滋润沉凝。

成化二十三年（1487 年）正月，万贵妃用拂子殴打宫人，由于过于肥胖，盛怒之下被痰阻塞，气绝而死。

八个月后，明宪宗朱见深病死，葬于茂陵，为他的儿子明孝宗朱祐樘留下了一个千疮百孔的江山。

捌

有时，情有独钟，也是灾难。

爱是——过分的估价。（弗洛伊德）

我们合上这页史书之时，一切归于静寂。

爱欲无常——记张皇后

写这些后宫女子，总会生发许多感慨。

命运给她们不寻常的身份，也给她们准备了——爱欲的无常。

游荡在那些已经成立、冗长无比的故事的迷宫里——幽暗明灭，荣辱进退……却都有了清晰而明确的指向。

她们有“须作一生拼，尽君今日欢”的由衷，有“岁华易老，衣带宽、懊恼心肠终窄”的愁苦，有“陛下寿万年，妾命如尘埃”的悲哀，也有“含情凝睇谢君王，一别音容两渺茫”的无奈。故事的真正张力，正如约翰·伯格所说，不在于其命运的神秘性，而在于走向这一命运的步履之间的空隙的神秘。

这些妃子，可会遥想桃花心木梳子，梳理闲愁，云鬟轻挽，水墨山水，过一种叫沁园春或者如梦令的诗意生活……当寂寥冷落，风雨波折成了她们中许多人终究的归宿，种种况味，也都只是人生境遇的宽度与人性意志的深度问题。无疑，深宫旧事，西风残照，能够善始善终，才是生命中最重要的命题。

帝王的传奇婚姻

成化二十三年（1487 年）二月初六，时为皇太子的朱祐樘大婚。

太子妃张氏（图 11），出身书香门第。以端庄温淑，知书达理入选。

“从前的日色变得慢，车，马，邮件都慢，一生只够爱一个人。”——木心这话，要在五百多年前，明孝宗也会引为知己吧。

大婚之夜，张氏一袭红装，浅笑吟吟。她并非绝色，却让人觉得甚是慰妥。朱祐樘有一种前所未有的心安——这是命中注定的女子。

图 11 明孝宗张皇后像

朱祐樘其实是个很简单的男人。他有着寻常家庭夫妻的情结。如果不是出身帝王之家，他也心仪“茅檐低小，溪上青青草。醉里吴音相媚好”的生活。洒扫庭院，琴瑟相和，寻常人家的恩爱，又多了分书香与风雅。

朱祐樘自小经历堪称传奇。他的生命力非常顽强，万贵妃的堕胎药也无济于事。不知有多少正直善良的人保护了他，这位被后世称为明朝少有的“中兴之主”来到这世间，似乎就是报恩而来。由于万贵妃的缘故，他六岁才与父亲相认，也在六岁那年突丧其母，但却“哀慕如成人”。

他的童年，充满对未知命运的不安。史学家称他绝少“千金之子，性习骄佚，万乘之尊，求适意快志，恶闻己过”的恶习，这种个性的形成与他幼年的生活经历不无关系。

他的妻子张氏则出生在花好月圆之时。《明史　后妃列传》记录了张皇后的出生前不寻常的征兆："母金夫人梦月入怀，生后。"金夫人梦见一轮皓月入怀，清辉普照，满满盈盈，因而，张皇后还未出生就被赋以富贵荣华的象征。如同刘邦之母梦与蛟龙交合，孙权之母梦日入怀，这些异兆，都煌然写进正史之中，为名人之所以成为名人的佐证。

她是个心智健康的人。父亲张峦，原只是一个秀才，以乡贡的名义进入国子监，也就是说从地方学校保送进了国立最高学府读书，成为国子监生。张氏出身于这样的读书人家庭，自小饱读诗书，也学习琴棋书画。在朱祐樘的生活中，她如那皎洁的月光，穿过幽暗的岁月，温柔地抚慰他这么多年的孤独与苦痛。

明孝宗朱祐樘一生，只此一妻。

历代帝王都有三宫六院，明太祖朱元璋除马皇后外，还有19个妃子。清代顺治帝挚爱董鄂妃，后宫也有20个妃子。就连被称为帝王之中倡导"一夫一妻"的隋文帝杨坚，也只是因为大婚之夜被独孤皇后逼迫表态，"誓无异生之子"，独孤皇后死后，隋文帝则如猛虎出山，忙着册立了好几个妻子，终究保不住这声名了。

朱祐樘却是自愿的。

就是这样一个女子，他与她终身厮守。

一枝红艳露凝香。——张皇后的婚姻，也是传奇了。

是婚姻唤起了爱情

孝宗（图12）与张皇后住在乾清宫（图13）。这是一个安静的宫殿，打发走了大量的内侍与宫女。这里的生活，很朴素。

有时，张皇后会亲自打理御厨，孝宗下朝时，桌上一碗清香四溢的碧梗粥、一碟切得细细的拌凉瓜，一碟炸得金黄的花生米，再一碟初春腌下的咸菜丝，入口清爽，孝宗喜欢。

这是寻常夫妻的恩爱。婚姻是感性的，又有某种精神的支撑。它的一个符号，就是将相互的狂热欲望，连续的、肉体的呈现，代之以细水长流。每个身在婚姻中的人都有一种无可名状的孤独——就像老人都是孤独的。但是，两个人的孤独在一起，终究也就是安慰了。

他与她几乎无话不谈。他的童年，他的忧伤，他的快乐，他的江山社稷——难得长夜，有人相伴，岂不视为知己？

图 12　明孝宗朱祐樘像

图 13 乾清宫外景

在她面前，他愿意呈现最真实的自己，无须伪装。

漂亮的女子，会给人无端的紧张与不安。张皇后算不上美丽，也不娇艳，却让人心安，最重要的是，她懂得倾听。

严冬，树木全是光秃秃的枝条，枯藤凝霜，寒夜中点点亮光。两人一时兴起，在庭院里散步。她冰冷的小手被他紧紧地攥住。女人时常因为一些可以回想的小细节，深深地迷恋一个男人。譬如，夜色中，他突然停下，为她整整衣服，拍拍她冻得红扑扑的脸，她有点害羞，不好意思抬起头看他，心中却把永恒写上了许多遍。

更有人生经历的坎坷，让爱情更多了几分相依为命的意味。

唯有当人在内心有着灵魂的伴侣与精神的依托时，生命才更值得小心呵护，而所有的东西，也便都有了天意神道的意味。

弘治皇帝励精图治，张皇后也不是庸碌之辈。她酷爱读书，闲暇之时，赋诗鼓琴，打点园艺。冬夜，稠稠密密的阴冷，张皇后温上桂花黄酒，晚来天欲雪，对饮一杯。

两人每天同起同卧，读诗作画，听琴观舞，谈古论今，朝夕与共，后宫别无其他妃子，倒也是省心。

弘治元年(1488 年)，朝鲜使臣卢思慎出使大明，听闻此事，向朝鲜的国王报告“(孝宗)劝花置于床上而不簪”。弘治皇帝的不好声色，开始远扬四海。

张皇后与明孝宗在一起的日子，用晚明学者黄景昉的话来说就是：“时张后爱最笃，同上起居，如民间伉俪然。”

尘世的虚荣

弘治四年（1491 年）九月廿四日申时，朱厚照出生。

这是弘治皇帝与张皇后的第一个儿子。他在万众期待中降生。

对于弘治皇帝来说，上天在他婚后四年馈赠他一个在命理上称为“贯如连珠”的儿子，这是父亲的荣耀，也是大明王朝的福分。弘治皇帝的欣喜不言而喻。

只是，在皇帝独宠的情况下，张皇后结婚四年才有一子，她的压力当然很大。

曾在秋日，孝宗与她到寺庙祈佛求嗣。

她焦虑，也担忧。传宗接代就是婚姻的使命与责任，尤其是，孝宗并无除她之外的第二个女子。

弘治元年二月，曾有大臣上书请为皇帝预备淑女，待孝宗守孝三年期满后好选立两个妃子。既是三年期满，孝宗不好推托，也似无理由如此，先王传承，历代遵奉。正百般无奈，时任翰林院侍读的谢迁似乎一下子看透了他的心事，锵锵上书：“皇上选妃固然应该，但先皇的陵墓还未完工，起丧的草庐还是新的，选妃之事急什么？”这一下，终于解了孝宗的围。

如今，她看着他跪在佛龛前，双手合十，虔诚而沉静。他是否后悔自己当初的决定？

她的心中终归有许多歉疚。

如果，这辈子都不能生育，将会如何？

如果这样，或许应该……

这念头已冒出，她自己都吓出了一身冷汗。

她看看边上的孝宗，秋日的银杏树一片金黄，掩映下，佛寺华美而庄严，朱祐樘的忧郁似是与生俱来，在这样的季节，在这当下，却也甚为应景。

是的。她必须馈赠给她深爱的人一份大礼，而这，——不仅是俗世的虚荣。

历史没有真相。若有，也能以真相之名破坏。

朱厚照出生后，“郑旺妖言案”就此卷袭而来。《明史》《明书》《明孝宗实录》《万历野获编》及《治世余闻》记录了这个案子。这是明史上发生的众多宫闱大案之一，其案曲折离奇，让人匪夷所思。缘为宫女郑金莲之父郑旺，称皇太子朱厚照乃郑金莲所生，在当时引起很大反响。由于后来由孝宗亲自审理此案，引发更多存疑。

今日我们已经无从得知朱厚照是否张皇后嫡出。如果朱厚照真是宫女郑金莲所生，弘治皇帝何必一定要坚持一夫一妻制而置皇太子生母于不义呢？是摆给世人看的噱头吗？这似乎毫无必要。没有人因为皇帝的三宫六院，而去谴责帝王的道德伦理。相反，十多年后，正德皇帝生活奢靡狂放不羁，连个后嗣也不曾留下，这倒反而更容易让人把矛头对向张皇后。

张皇后在皇太子朱厚照之后，还生下一个儿子三个女儿，只是全都没有活下来。

但是，卷土而来的“郑旺妖言案”，让人深觉，此事似有蹊跷。所谓“无风不起浪”。或者也可窥知，张皇后在当时的口碑并不如何。

但是，皇帝却一心爱着她。

这是张皇后最风光的时候。《明史》载，“帝颇优礼外家”。皇帝追封张皇后父亲为昌国公，封她的两个弟弟官职，并且在她的家乡立家庙，大修土木，以致“工作壮丽，数年始毕”。

对于一个女子来说，最高的荣誉无非如此。

只是，张皇后最不争气的是她的两个兄弟。弘治朝，后宫倒是平静，外戚问题却是明一代最严重的。张皇后的两个弟弟被授予了大量的土地，依然巧取豪夺，与民争利，骄纵不法。《明史》称，“中外诸臣多以为言，帝以后故不问”。群臣纷纷不满，弘治皇帝对此事并不追究。说偏袒也好，爱屋及乌也好，张皇后深受弘治皇帝宠爱，毋庸置疑。

是怎样的疑云已经无法分辨

弘治十八年（1505 年），孝宗卒于乾清宫，享年36岁。

无论如何，不能让某个人成为你的全部。若是有天他离开了，你将一无所有。

这是最简单的道理。但是，身在其中，谁也假装不知道。

孝宗走后的日子，对张皇后来说，便是“风月夜，几处前踪旧迹。忍思忆。这回望断，永作终天隔”。这种悲伤，慢慢地也成了一部《无量寿经》。冷夜，一个人对着灯影，独自翻读：人在爱欲中，独来又独往。

作为贯穿起明史的女子，张皇后陪伴着明孝宗，让他作为明朝历史上少有的中兴之主，名垂青史。《明史・孝宗本纪》以“恭俭有制，勤政爱民”盛赞孝宗，张皇后应该是功不可没的。如果继位之朱厚照，有父亲之风范，张皇后这辈子也算功德圆满了。事实上，张皇后一生的坎坷，刚刚开始。

我们知道，朱厚照（图 14）在位时间16年，却号称明朝276年来最能闹的一位皇帝。这位被大历史学家黄仁宇称为“明代君主之中最具风味的人物”，他一生经历的荒诞闻所未闻。他从正德二年（1507 年）入住自己营建的小天地——豹房，而不留恋象征权力和地位的金碧辉煌的紫禁城。他一生贪杯、好色、尚武，甚至自己封自己为“威武大将军朱寿”，要求户部给他发俸禄，所行之事多荒谬不经。15年后，他钓鱼不慎跌入水中，救起后身体每况愈下。次年，朱厚照病死于豹房，终年31岁。并未留下一子半女。

这其中，他的母亲张皇后犹如消失了一般，在他执政的16年，并未见有关张皇后对其劝诫的史册记录，从而使得“郑旺妖言案”扑朔迷离。

历史必须忍耐

张皇后再一次登上历史舞台，展示她温柔背后的武略，是在武宗死后。

三月，京城黄沙漫天，杨柳与桃花，都在挣扎。武宗葬礼前夜，张皇

图14 明武宗朱厚照像

后彻夜难眠，似乎一夜老去，秋霜满鬓。

武宗的短暂人生，尽管好色，却不曾留下一子。摆在张皇后面前的，就是一个残酷的事实——谁来继承皇位?

大明王朝,从朱元璋开始,到此时已经经历了153年。国家与皇朝的命运，就掌握在张皇后之手。

历史就是如此。没有“为何”，只有“如此”——扫落一地琐琐碎碎的爱与恨，情与仇，有情与无情。

与弘治年间不同，她已无当年的美貌与风韵。枯萎的花，哪来芳香、艳色与蜜晶。她孤独地守着以后的日子，却又要承担着历史的兴亡成败。

于是，16岁的朱厚熜作为明宪宗朱见深的孙子、明孝宗朱祐樘的胞侄、明武宗朱厚照的堂弟，被张皇后选为皇位的继承人。他从湖北赶到京城，五月在奉天殿即位，改年号为嘉靖。

在这其中，张皇后力排众议，和大臣杨廷和主政47天，镇压政变，并清除一批贪官污吏。朝政出现明中期少有的兴盛局面。

令人遗恨的是，在登极之初，嘉靖帝的自私、寡情就已露端倪。

先是他是不接受以太子登极的礼仪迎接他。他要以天子的身份登极，这无疑对张皇后是当头一棒。此后，嘉靖帝坚决不认孝宗与张皇后为父母。于是开始了长达三年的皇帝与朝臣的“礼仪之争”。嘉靖三年（1524年）又有一大堆的官僚赴阙啼泣。皇帝震怒之下将134名臣僚囚禁，其中16人死于廷杖。很不幸的是，这位皇帝御宇长达45年之久。

张皇后的两个弟弟，也难以保全性命。嘉靖帝以张皇后之弟要谋杀自己之罪，准备诛杀其弟。《明史·后妃列传》载："太后至衣敝襦席藁为延龄请，上犹不许。"寒风凄苦，张皇后屈己求情，自己解散头发，穿上粗布衣服，坐在草地上，乞求皇帝赦免。人生至这等况味，让人感慨。

张皇后的后半生，我不忍去想象。

在她死后，嘉靖帝将其弟诛杀。

而死亡，对她来说，或许正是一种解脱。

曲终人散

居其高者，不寒而栗。跌倒之时，也摔得最痛。

张皇后曾被称为最幸福的皇后。

日后，当嘉靖帝差点被群情激怒的宫女所杀，张皇后这一生，值得告慰的还有什么？

——是她选择了嘉靖。

有些选择，当作出的时候，它已经离开了母体，在历史的长河里兀自翻云覆雨。你无法阻止。只有，不甘与遗恨。

处处是时间的痕迹。人们称它们为——历史。

无用的激情——记郑贵妃

万历十年的柔软往事

万历十年（1582 年），对万历皇帝（图 15、16）来说，是个特殊的年份。

这一年，万历帝效仿他的祖父世宗的做法，在民间大选嫔妃，三月，他“一日娶九嫔”。民间所说最好色的皇帝，通常就以万历帝一天娶九个老婆为例。

时年，14岁的郑氏娇艳旖旎，被册为淑嫔。

六月，元辅张居正（图 17）突然去世。世间已无张居正，万历帝大为快意。他终于脱离了翰林学士的羁绊，也摆脱了十年不能亲政的无奈

←图 15　万历皇帝像

↓图 16　万历皇帝的金冠

图 17 张居正像

与煎熬。他要做的第一件事，就是将清算张居正作为亲政的基础，以此树立帝王的权威。

这是忙碌的一年，他意气风发，力图破除他带给别人的这一柔弱的印象。而每每他犹疑的时候，他心爱的女人郑氏就会拂拂他的头，打他的肩膀一下，说："陛下，您真是一位老太太！"（《酌中志》）

郑氏的难得之处，在于她的善察心意。最好的爱情，不是对彼此的敬畏，而是彼此内心通透，并无纤尘。

她与皇帝时常共读诗书，谈经论道，不觉日色向晚，两人的目光，都已是浓情蜜意。

他喜欢跟她说话。西窗夜话，天已发白。

她静静地听着，脸上有着光亮。

这些年来，没人能走进他的内心世界。

男人有时比女人更有倾诉的愿望。而位高权重之人，内心的挣扎与孤独更是难以言表。

爱就在是与非之间。它听任于人的内心。神宗需要郑氏，这是他唯一可以真正表达自己内心与激情的女子，也是他愿意与这个世界沟通的一种方式。

郑氏册封为嫔之时，神宗18岁，微微驼背。当时张居正还在，大凡政事，只要张先生一指令，神宗唯唯诺诺，没有半句说话的余地。有时神宗正在宫里喝着酒取兴，一听内臣喊皇太后到，顿时神情惶恐连大气也不敢出。

他当然是皇帝。但他更是有血有肉的男人。

郑氏一旦明白了这点，她与皇帝的关系，就有了一个很好的契合点。

我们来看郑氏的晋级之路：万历十年（1582年）三月郑氏封淑嫔，八月晋德妃，十一月生皇次女云和公主，万历十二年八月晋贵妃，万历十四年正月生朱常洵，三月晋皇贵妃。位于王皇后之下，众嫔妃之上。

这一路多顺利。

短短四年。

万历十年发生的另一件事——八月，皇长子朱常洛出生。

朱常洛的出生纯属偶然，或者说，只是一次意外。

前一年的冬天，大雪纷飞，雪花落在屋瓦上更显得静谧安详。明神宗前往慈宁宫向慈圣皇太后请安。

事有凑巧，那天太后不在。慈宁宫的小宫女王氏便端了一盆热水让他洗手。小姑娘不见得漂亮，就是皮肤白净点。万历帝一时兴起，就临幸了王氏。

完事后，万历帝当即就走了。他后来甚至试图否认。太后却欣喜万分，宫女王氏龙珠已结，生下的是儿子，且是皇长子。

万历帝在无奈之下，只好册立王氏为恭妃。

皇帝向她忏悔，说：要是你早点与我相遇，我何至如此呢？

郑氏灿烂一笑，在四月初开的紫藤花下，她的眼神柔和，映得皇帝的心也柔软起来。

她说：陛下，我不是悭吝之人。世间女子那么多，有何不可？

后世有人称：任何一个深在爱情中的人都是阴谋家。真是如此？

漫长的较量

万历十三年（1585 年），郑氏生皇三子常洵，两个月后，她直接晋为皇贵妃。此事关乎国本之争，朝廷如同炸了窝。

这其中原因：一是由于生皇长子的恭妃并未晋升。子以母贵，郑贵妃之子可能会直逼太子之位。二是“有嫡立嫡，无嫡立长”乃明初祖宗成法，如果立皇三子为太子，乃以幼凌长，不合于伦常之道。如此立储，在臣僚看来，简直是天理难容。

万历皇帝上朝时，坚决地否定自己的用意。他说册妃与立储是两不相干的事。廷臣不必多虑。

皇帝已开金口，众臣将此事暂时搁置一旁。于是皇贵妃顺利册封，却始终又是众臣心头之患。

很快到了万历十八年（1590 年），万历皇帝仍未立太子。由于明朝规定只有立为太子，才能出阁读书，此时，皇长子已经八岁，问题迫在眉睫。

京城文官坐立不安，他们集体要求册立皇长子常洛为太子，如不行，则请求辞去官位，以此向明神宗施加压力。

明神宗此时似已被逼到绝境。

郑贵妃更是焦虑。这些年来，她与皇帝如影随形，她原本以为，皇帝与她既有承诺在先，处理此事会易如反掌。

但是，随着姜应鳞等几位建言者的相继被贬，朝廷之中保皇长子派却依然势头不减。六部和首辅等无数大臣多次奏请立常洛为太子，绝大多数官员都被神宗以各种罪名贬斥。但他们准备好贬谪与罚俸，如此前赴后继，甚或以“悲壮”冠之。

相比太祖朱元璋、成祖朱棣的艰苦创业、用人得当，宣宗朱瞻基、孝宗朱祐樘的兢兢守业、君臣和谐，神宗朱翊钧亲政后则是倦勤荒怠，君臣隔阂最为突出。

《明史·神宗本纪》载：“储位久不定，廷臣交章固请，皆不听。”其间，凡有言及皇长子出阁读书一事，均受到贬谪或罚俸。皇帝与廷臣的关系，始终处于对立状态。

其实宫闱之中，可以称得上事情的也就两样，一是争宠，二是生子。建立在前两样之上，就有了其三——争太子之位。

历朝后宫，概莫如是。

人性的不可逆转由此可见。

幸运的是，对郑贵妃来说，最强的对手王皇后退出了这次竞争。王皇后在万历六年（1578 年）册立，史称“性情端谨，淑颜姣美”，却得不到神宗的宠幸，未曾生下一子。

而恭妃王氏不过是默不作声，极为平常的宫女。

有时，当对手太弱，人的自信就会爆棚。

郑贵妃此时总会忘记，恭妃身后支撑的，可是大明王朝的伦理纲常。

所以，当以申时行为首的四位大学士也因立储问题向皇帝递交辞呈，理由是无法向百官交代，神宗深感问题的严重性已非他自己能掌控。

他见了郑贵妃，唉声叹气。那声声叹息，短促而无力，让人心乱如麻。

郑贵妃说：“陛下，不如待其一年，赢得时间再说。”

这年元旦，皇帝召四位大学士入宫，宣布：如果一年之内廷臣不再以立储一事打扰他，他可以在1592年立皇长子为太子。

万历二十年（1592 年），一切如同郑贵妃所料想的，皇长子依然没有立储。

正如万历帝曾主持的一次殿试，试题的内容是：无为而治。

美人用心良苦

时光总是如此无声无息。中间依然争端四起。

郑贵妃身为万历皇帝身边红人的日子，委实太长了。这些年，皇帝与她朝夕相伴。事实是，自从万历十四年（1586 年）起，万历皇帝就很少上朝。

明朝治理天下臣民，以道德代替法律，以“四书”中的伦理代替宗教，以此来维护社会秩序。万历帝要弃长立幼的企图，纵使在法律上有可以左右迁就之处，但在坚持传统观念的臣僚心目之中，早已不合伦理纲常。

在这样强大的道德和舆论的压力之下，万历帝也越来越烦那批指使他的人。他明白立郑贵妃之子朱常洵为太子的计划已很难成功，又不甘心让这批臣僚得其所愿，便采取了在他看来最为积极的做法，那就是——消极怠政。

这一怠，就是28年。此为后话。

对于郑贵妃来说，万历二十三年（1595 年）是她回忆起来心绪复杂的一年。她原想让万历朝的一大难题——国本之争有所转机，不料因之祸起的“妖书”一案，其反响之大，牵涉人员之广，“致启大狱，贻祸迄今未解”（沈德符《万历野获篇》），想必早已偏离了郑贵妃的初衷。

此事缘起这年初春，郑贵妃读到山西按察使吕坤所辑的《闺范》一书。这本记载历代贤妃贞女的图说，以汉代明德皇后开篇，一时让她爱不释手。

以郑贵妃之聪慧，她敏感地觉得，这是难得的机会。

她为此书作序，且将自己列入《闺范》一书。“自出宫资”，命其兄郑国泰和侄子郑承恩重新刊刻，书名改为《闺范图说》。

此书当时是“朝士争购置案头”。《明史》《明神宗实录》中，有多处记载郑贵妃作序一事。

没有想到的是，万历二十六年（1598 年）秋，有人匿名为《闺范图说》写了一篇跋文，题为《忧危竑议》，直指郑贵妃重刊此书，实质上是为自己的儿子夺取太子位埋下伏笔。该文以传单的形式在京师广为流传。朝中一片哗然。

国本之争以此种形式再次成为万历朝关注的重点。

今日我们重读郑贵妃仅留世间的序文，果真文采斐然。以郑贵妃之美貌与学识，在历代名妃的长卷上留名亦是不足为奇。

但是，我们回看万历时期的国本之争，就会发现，这本书出得实在是不合时宜。

在明朝，只有太祖朱元璋的马皇后、成祖朱棣的徐皇后编书并且公开刊行，郑贵妃在皇储未立、国本未定的情况下，将自己作为闺范纳入书中，在其他人看来，这分明是标榜自己，也是为自己母仪天下、儿子争夺皇储的地位做好宣传准备，其野心昭昭，不言而喻。

由于事关郑贵妃，且又是国本未定之时，因而万历皇帝尽管称《忧危竑议》为“妖书”，可又不好大张旗鼓地追查作者。他亲下谕旨，下令逮捕几个涉嫌官员，并说明《闺范》一书是他赐给郑贵妃的，此事暂时告结。

这是“妖书案”的第一阶段。

万历皇帝与他的文官集团，依然在僵持中。

国本之争旷日持久。郑贵妃以其机心，让这一切继续。

这番挣扎多徒劳

一个女子的幸福，是那么的轻浅明灭。

记得那年三月，柔风吹过，洁白的梨花满天飞舞，分明是宋词的意境。她与皇帝俪影双双，拜谒神佛，立朱常洵为太子的御书正封缄在玉匣内。

所以，当文官们的情绪已经如火如荼，不可遏制，立皇长子的奏本似雪片般飘过来，万历帝为之心乱意麻时，郑贵妃总是淡然一笑地说：“何不将奏章一概留下，无须回复？”万历帝转忧为喜。

世间许多事，不予理会，就是最好的理会。

郑贵妃有自己的人生哲学。想当初永乐皇帝以皇四子的身份，从侄子手中夺取皇位，而在他之前还有两位皇子，长幼之序又在哪里呢?

这些年来，皇三子朱常洵逐渐长大，活泼可爱，很为讨巧，是父亲最爱的皇子。既已有封缄的御书，如今一切皆是——事在人为。

好的爱情，能激发人性中最美好、最真纯、最柔软的一面。我们不能不说，在立储一事上，郑贵妃的私心，让这桩万历时期的爱情故事沉重不堪。

在漫长的争夺战中，郑贵妃确实是殚精竭虑的。

她先想出“待嫡”一计。也就是让万历帝加以宣谕，他之所以迟迟不立太子，是因为等待王皇后生出的嫡子。

只是可惜，廷臣们不等公议，就推翻了这个建议。

郑贵妃又生一计，说：“不如，三王并封？”

万历帝惊喜地说：“贵妃果然智慧！”

所谓“三王并封”，就是在立太子之前，将皇长子、皇三子以及另一个皇子三人都先封王，以后再择其中善者为太子。

这样的思维逻辑与第一计相似，无非都是为了表现皇子们的平等，不存在“长”“幼”之别。

这个计策被万历帝交给阁臣拟旨时，又遭到了反对。

无数个回合下来，万历帝与廷臣的矛盾已经不可开交。万历二十九年（1601 年），皇长子年19岁，仍未立储，也未能出席翰林院读书。慈圣皇太后出场了。

自从万历帝亲政以后，太后基本不管朝政，也不再干预他的生活。但这次不同，太后要来表达自己的意图。

《明史·李太后传》《先拨志始》记录了此事。

太后问神宗：“外廷诸臣都说要定皇长子为太子，你究竟有何打算？”

神宗回答：“他是宫女的儿子。”

慈圣皇太后勃然大怒：“你不要忘了，你也是宫女的儿子！”

原来皇太后也是宫女出身。神宗当即“惶恐伏地，无以自容”。

事已至此，似是无力回天。还有御书——御书尚在——这是郑贵妃在暗夜中犹如看到的天光。

郑贵妃取出珍藏的万历十三年她与神宗祷神盟誓的密誓御书，《明伦汇编·宫闱典》记述当时这场面：

图 18　明光宗朱常洛像

“封识宛然，发合虫蚀书尽矣。帝悚然异之。”

玉匣封缄完好，密誓几乎被虫子蛀光。

神宗打了个冷战，天意如此。

这年十月，虚龄已20岁的朱常洛（图 18）终于被立为太子。

闹了15年之久的国本之争，总算告一段落。这场万历年间最激烈复杂的政治事件，共逼退首辅大臣四人，多人遭斥黜、降调、罚俸以至廷杖。但是事情还没有结束。

漫长的对抗，让万历帝身心俱疲。他曾励精图治，也曾有与张先生一起打造的万历前十年的辉煌政局，但现在他的政治热情与政治理想彻底破灭。

他只是名义上的天子，受制于廷臣，这才是权力的真相。身为九五至尊，却无力给自己爱的女人兑现一个承诺，无法如自己所愿去做一件事，这是万历皇帝的悲剧或宿命。

欲望已是无法消停

晚明实在一言难尽。

这个时代，政治腐败，经济文化和社会生活却非常繁荣。吴承恩、汤显祖、徐霞客、凌濛初等人都曾据一席之地；时代思想的自由与行为的压抑并存，被神宗送进监狱、万历三十年在狱中自杀的李贽以及名臣海瑞等人也曾影响许多人。晚明士人一边沉痛地指责明朝纲纪不振、党争误国，一边沉醉在声色歌舞之中，刻本《金瓶梅》《水浒传》，“三言二拍”方兴未艾，“妖书”一案却又卷土重来。

万历三十一年（1603 年），皇长子已经在万历帝百般无奈之下立为太子。此时突然冒出《忧危竑议》的续文——《续忧危竑议》，继续不折不挠地谈及国本之争。

“妖书”在继续，“一夕之间，自宫门到街巷遍见”。

全文仅三百多字，再次旧事重提，假托“郑福成”为问答。所谓“郑福成”，意即郑贵妃之子福王朱常洵当成功。书中说：皇上立皇长子为皇太子实出于不得已，他日必当更易，立福王为太子。

此文触到了郑贵妃的痛处。郑贵妃想起万历二十三年（1595 年）自己的高调行事，反而促成皇长子立为太子。事隔八年，《续忧危竑议》又旧事重提，如此，反叛之心昭告天下，必会遗患无穷。更何况，尽管郑贵妃父兄合力协助，郑氏集团已很难阻止太子登基之路。

郑贵妃的哭诉，在神宗心里，字字句句，都像是在其心口撒盐。

与五年前“妖书案”的低调处理不同，如今太子已立，“妖书”却又卷土重来，明神宗怒不可遏，以泄心头之恨。

他当即下令东厂、锦衣卫以及五城巡捕衙门立即搜捕，“务得造书主名”，

“悬赏金五千两”捉拿之。致使“举朝见书失色”，京师人人自危，惶惶不可终日，多人惨遭刑狱，终于酿成晚明史上有名的政治疑案，至今仍无答案。

康熙帝能两废太子，立太子的密诏等驾崩后才宣读，这不仅是康熙帝本人厉害，也是时势异也。相比之下，明臣能与皇帝“争国本”，让人感叹那个时代。

这是神宗的“醉梦之期”。他怠于临朝，勇于敛财，28年不上朝，宅在宫中，纵情犬马声色，矿使与税使遍及四方，到处搜刮民膏民脂。宫中之奢靡也是惊人的，就以万历二十四年为例，这一年，仅供郑贵妃和其他妃嫔使用的胭脂费，就支用白银四十万两，而当时全国的田赋收入仅四百万两。

每个时代都有所谓的红颜祸水。

情欲搅动历史，哪怕星光点点，也不过是春色三分，二分尘土，一分流水。欲望是个体的狂欢。当无可遏制的情欲与历史结合在一起，历史便有了雨季女人丝绸内衣的质感——柔滑、潮湿却又香艳——这折磨人的情欲啊。

说起来，郑贵妃只是想让自己的儿子立为太子登上皇位。尽管神宗也封了皇三子常洵为福王，并让福王暂不去封地，留在自己身边；对福王的婚礼和新建府邸的费用，超出十倍拨给；还封赐郑贵妃及其家族，但是对郑贵妃来说，这些都只是一个失败者应得的安慰——甚至远远不够。

万历四十二年（1614 年），福王被群臣所迫，只好赴洛阳就藩。神宗指令湖广、山东、河南三省以田地四万顷作为福王庄田，并派一支由1172艘船组成的船队，载着王府一千余人及大量金银财宝并由1100名士卒守卫，几乎把皇家的积蓄搬了很大一部分。

郑贵妃与神宗送别最爱的儿子，悲恸欲绝。

这是他们的最后一面。

一切都在失去。一代帝王，也无力回天。

历史由无数个偶然组成，却注定了必然的结局。

《明史》评点：“明之亡，实亡于神宗（万历）。”赵翼《廿二史札记·万历中矿税之害》：“论者谓明之亡，不亡于崇祯而亡于万历。”清高宗乾隆帝在《明长陵神功圣德碑》中则道：“明之亡非亡于流寇，而亡于神宗之荒唐。”

或许，如能让皇三子立为太子，国本之争也不会成为万历帝荒政怠政的理由，明王朝也不至于迅速走向末路。

如果郑贵妃能够体恤万历皇帝的难处，不固守己见，宽容大义，历史的演变又何止如此？

时光的慈悲在于，我们能够徒劳去假设那些徒劳的东西。

这以后，明宫还发生了“梃击案”“红丸案”，与“移宫案”，并称为晚明三大案。三大案都涉及皇位继承问题，而郑贵妃欲立常洵为太子之意天下尽知，万历死后，郑贵妃又比他多活了十年，她被认定是祸国殃民的妖孽，明宫三大疑案与她均脱不了干系。

此后，她年老色衰，住在紫禁城一座寂寞的宫殿里。

万历帝在生命最后一刻，遗命封郑氏为皇后，死后合葬在一起。可三百余年后，当人们打开定陵，却发现所有的棺床上都没有郑贵妃的影子。皇权产生在百官的俯首跪拜之中，既然他生前与臣僚失去威力，死后这种遗命根本就无人去履行。

崇祯三年（1630 年），郑贵妃去世。她的儿子福王朱常洵，在郑贵妃死去 11 年后，被李自成农民军所杀，尸体跟鹿肉掺在一起，做成福禄酒肉，供军士填了肚子。

历史有着自身演进的内在逻辑。

它的运行，有的并非用行为的因果关系能加以解释。

当年拼却醉颜红，说起来，只是无用的激情而已。

历险者——记张嫣

壹

人们先提及的，或许就是我的美貌。

世人将我归为中国古代五大艳后之一，与春秋时期的夏姬，曹丕称帝后的皇后甄氏，北齐文宣帝皇后李祖娥，以及隋炀帝皇后萧氏并列。事实上，我并不喜欢“艳后”的称誉。

我们这些女子，虽贵为皇后，且皆有人们所说的“横绝千古之丽”，我们一生的轨迹以及走向，却非己力可左右。

关于我，《明史·后妃传》称：

“熹宗（图 19）懿安皇后张氏，祥符人。父国纪，以女贵，封太康伯。天启元年四月册为皇后。性严正。”

寥寥几句，便是我所有度过的白天与黑夜的概括。

从某种程度上说，当我脱离个体存在之时，我想，在我的身上，承载得更多的，应该是一种人文负荷，并掺杂着诸多后世附会的演义色彩。

贰

天启元年的那场选后，如此声势，规模，我此后再也没有见过。如今，那场景，仿佛是青色的烟云，依然抹着那层层密密的雾纱。

我后来常想，我们这些女子，是有多强烈的愿望啊，期待在这场比赛中胜出，戴上皇后的桂冠。当我们前赴后继奔向阴谋与死亡，我们似乎浑然不知深宫是场历险，而我们也必定以为，等在终点的就是至高的荣耀与一世的荣华富贵。

图 19 明熹宗朱由校朝服像

但那是值得我一辈子追忆的。当五千名美貌女子云集紫禁城，我知道，15 岁的我，不过是其中一个普通的女子。我没有显赫的家世，更不知如何讨人欢心。在那些张扬而艳丽的女子中，我神情清冷。后来，看到袁丰之评梅曰:“冰肌玉骨，世外佳人，但恨无倾城之笑耳。”我想，或许我也如此。

天启元年的那场选后，确实严苛。层层筛选，得连过七关，才能进入最后一关。事实上，在进入第五关时，剩下的还有三百名淑女，按要求，我们必须在宫中入住一个月，宫廷有专人考察熟悉我们的性情、言论，评判刚柔，剩下五十人。到第七关，主考的是住在慈宁宫的万历帝的刘昭妃，我们在书算诗画诸艺等方面进行了严格的挑选。最后决出三人，备选五人，交由明熹宗钦定。我就在其中。

一个女子究竟可以美成怎样，可以让见者心动？后人时常拿晚明张岱所记的王月生举例。据说邻有大商，一夜集歌妓十几人，在院子里“群谇嬉笑，环坐纵饮”。王月生立露台上，“倚徙栏楯，目氐娗羞涩”，群婢见之都气闷，逃到房间里避让。这当然算一种美。而赵师雄见林间美人，“淡妆素服，行且近，芳香袭人”，可惜酒醒之后，“大梅树下，翠羽啾啾，参横月落，但惆怅而已”，让人浮想。

倘若亲历过天启元年的选美，你会发现，尽管美没有统一的标准，但那年参选的 5000 名女子的风华，足够你用一生来沉醉。

叁

那天，我站在元辉殿中，与我并排的有顺天府大兴县王氏、南京鹰扬卫段氏。作为正选的三人，我们中的其中一位，将册立为皇后，其她两位则为妃子。

我们都“容德甚美”。此刻，却也都内心惴惴，一切都未知。

我后来明白，大明选后，皇后的美貌其实不是特别看重。而妃嫔通常才情恣意，貌美动人。明成祖权妃姿容艳丽，“善吹玉箫”；宣宗郭嫔“贤而有文”，自作悼亡诗，诗作凄婉动人；宪宗邵妃“知书，有容色”；武宗马姬姿色艳美，善于骑射；而后来的思宗田贵妃则纤细娇妍，“多才艺”，那是我见过的最旖旎的江南女子。

我不知道天启帝为何会选中我。

许多年后，清人纪晓岚描绘我的姿容，用了诸如“面如观音，色若朝霞映雪，又如芙蓉出水；鬓如春云，眼如秋波，口若朱樱，鼻如悬胆，皓齿细洁”等。笔法尽管俗、直白，但我知道，我被史册所载，被文人所歌颂，这一切，不过是因为，天启元年四月初三日，我被天启帝钦定为——皇后。倘若没有进入正选，我与许多女子一样，选后结束后，带点银两，发送回家。我一生的故事又会是别的场景。

记得那天，我抬起头看到皇帝，他个子矮小，却也庄严。他看着我，定定地看着。

我并不相信这世上有一见钟情。但是，那一刻，我确信有的。

这个男人，会是我一生的陪伴与依托。无论我是否册为皇后，他都将是。

在他边上，站着一个服饰华美的女子。她紧紧地盯着我，目光中突露凶光，却又有几分沮丧，她似乎极其鄙夷地看着我，却又不敢正视。这辈子，我都不曾见过如此复杂的眼神。

后来才知，这就是客氏。

在我参加选后之前，早就听闻天启帝与乳母客氏的亲密关系。其时，她已被皇帝尊为“奉圣夫人”，这是皇帝对乳母的最高致敬。

我难以想象，她是多么美艳之人，却又那样的妖冶，这是与我截然不同的况味，却被同一个男人所喜欢。

见到我的第一面，她一定知道自己遇上了一生的对手。

往往女人的直觉总是准确的。

肆

张嫣的目光似是不经意轻轻拂过客氏，却让其寒意顿起。

客氏突然感到了前所未有的不安与威胁，她必须制止即将发生的一切。

清人纪晓岚描述这一场景，用了这样一句话：“（客氏）见后大惊，忌之。”

客氏是谁？

18岁前，她居住在河北的农村，种田，嫁人，生育，日子普通得如同田地里的庄稼。此后，她因为乳汁稠厚选入宫中，成为皇长孙朱由校的乳母。

客氏当然也美貌。《明鉴》称：“客氏性淫而很（狠）。”《稗说》则描述她的形貌习性：年少艾，色微，丰于肌体，性淫。也就是，客氏青春貌美，肤色微微泛红，生得丰满，性情淫荡。

性情淫荡的客氏，耐不住寂寞。明末宫中，宫女太监结成“夫妻”，称为“对食”。客氏一开始与当时的大太监魏朝结为“对食”，两人恩爱非常，时常嬉戏于游池之中，作鸳鸯戏水状。不久，魏忠贤权势日趋上升，客氏便远离了魏朝，与魏忠贤结为“对食”。《明史》则以客氏“爱忠贤”称之。这对联盟的组成，开始了明代暗无天日的阉党专政。明王朝自此大厦将倾，走向穷途末路。天启帝见自己最为信任的两个人纠缠一起，反而大喜。

说起来，客氏初为乳母时，天启帝才4岁，瘦弱，胆怯，无比依赖客氏稠厚的乳汁。当他登基之时，客氏也不过30岁。这种依赖并未消停。

客氏既有“性淫”之说，那么，后世称其“以妖艳惑帝”，已非传言。她“每日清晨入乾清暖阁侍帝，午夜后回咸安宫”（《明史·列传》），两人有扯不清的关系，或称有当年成化皇帝与万贵妃之嫌。关于这段绯闻，正史含糊其词，野史沸沸扬扬，《甲申朝事小纪》则直指其事曰：“传谓上甫出幼，客先邀上淫宠矣。”

天启帝朱由校被乳母所吸引，这是一种未经世事少年无法抗拒的诱惑。既然明神宗在世时，始终不肯立这位长孙为太孙，也不肯让长孙出阁读书，而明光宗朱常洛经历旷日持久的国本之争，即位仅29天就因“红丸案”而暴毙，朱由校甚至来不及立为皇太子，便在懵懂中匆忙登基，因而，这位生性爱玩，堪称“文盲皇帝”的朱由校为乳母客氏的淫荡与爱抚所吸引，我们只能说是一种必然。

然而，这回真的不同。

伍

“是日，元辉殿选定淑女三位，河南祥符县张氏、顺天府大兴县王氏、南京鹰扬卫段氏，备选五人驿送还家。”（《明熹宗实录》卷九）这场选后，入选三人，皆风姿绰约、美色天成、意颇清绝，集美貌与才情于一身。尤其是张嫣，临摹颜体，书法秀劲，为人称道，夺冠呼声最高。

天启帝钦定之时，他心花怒放，却又为难。

入选是荣耀。现在开始她们都拥有一种叙述的资格。

谁能晋升皇后？说起来，历代选后，标准是不同的。《左传·僖公四年》：“初，晋献公欲以骊姬为夫人，卜之不吉，筮之吉”，遂立骊姬为夫人。北魏令入选者亲手铸金人，成者方可立为后。隋文帝则以占卜为杨广选后。吕雉让汉惠帝立其姐之女为后，以致有“古今第一丽人”（《汉书》）之称的张皇后，终老还是处女之身，世称“花神皇后”。而清代慈禧太后，一个眼神决定了光绪皇帝的选后，也是一个标准。天启帝尽管依赖乳母，但是立谁为后，还是由他自己说了算。

客氏已料知天启帝心思。她有种前所未有的不安。

于是，客氏对天启帝说：“此女他日长成，必更肥硕，少风趣，安得为正选？”（《明懿安皇后外传》）

她的理由是，这个张嫣以后长大了会发胖，不够“风趣”，怎么可以为正宫呢？

她指着王氏说：“此女甚婀娜。”

天启帝从来不曾违背乳母的决定。但是，天启帝既然初次见到前三甲，“念早属后”，现在他需要做的，不过是给自己的乳母一个说法。

由谁来说出自己的选择最为合适呢？

生母逝于万历四十七年，皇太后也早已去世，天启帝“复请光庙赵选侍决之”。赵选侍不知日后凶险，她说：“三人皆姝艳绝伦，古之昭君玉环不能过。若论端庄有福、贞洁不佻，则张氏女又其上也。”

至此，天启帝定张嫣为中宫，王氏为良妃，段氏为纯妃。前三甲尘埃落定。

记载明万历至崇祯时期北方地区史实的史书《明季北略》关于这场天启元年最为盛大的婚事，写道：及熹宗婚，立张氏为皇后，客氏不悦。

陆

如果不做皇帝，我的丈夫天启帝绝对是一个手工精湛的木匠。

我曾目睹他亲自在庭院中造了一座小宫殿，形式仿乾清宫，高不过三四尺，却曲折微妙，巧夺天工。《先拨志》则载：“虽巧匠，不能过焉。”说得也是实情。

作为一个优秀的木匠，他并没有权力野心。当年，祖父万历帝尽管几十年不上朝，但是他将皇权紧紧握在手中。我的丈夫却厌烦朝政。每每在他做木工活兴趣最浓之时，他最信任的宦官魏忠贤总是呈上重要公文请天启帝批示。他此时哪顾得上朝政，总是随口说：“朕已悉矣！汝辈好自为之。”

阉党自此逐渐专擅朝政。我内心的无力感是无法抑制的。

纪晓岚在《明懿安皇后外传》曾写道，天启帝婚后对皇后张嫣说：“汝性刚烈，不苟言笑，然吾见汝面，则怡然但觉妩媚可怜。”

关于这段表白，我只能说，这是实情。我甚至在其中觅得几分真爱的感觉。但是，客氏时常告诫皇帝：“陛下取少艾而忘我乎？”（你娶了美貌少女，不要忘了我啊。）

对她来说，我的存在，始终是最大的威胁。

让我更为难堪的是，既然皇帝已经大婚，乳母必然不再与皇帝朝夕相伴。但是，他依旧依恋她，他们朝夕相处。有段时间，迫于众大臣压力，他将客氏发送出宫，没几日，便哭诉自己“若失魂魄，不食者数日”。所有人只得妥协。

他对客氏的恩宠延及其家人。皇帝先是赐封客氏之子侯国兴，弟客光先俱锦衣千户，爱屋及乌，赏赐无数。甚至客氏生日，天启帝带着一大帮妃嫔，亲自前往贺寿。“酣饮三日，笙歌喧聒。”

客氏愈发地不可一世。她以“圣上八母之一”自居，在宫中住咸安宫，外面另有私邸。逢到出宫，清尘除道，燃沉香如雾，灯火簇烈，照如白昼。迎接的人排队叩头，高呼“老祖太太千岁”。

这一切，还都只是开始。

柒

现在我知道，从册封之日起，我就是历险者。

一个女子的美貌，不过是尘世的装点而已。她可以拥抱世俗的悬疑与神秘，庄严与华丽，也足以将自己置入险境。

天启三年，皇帝丧失了元子。这次流产，也使我终身不孕。

后来，我曾无数次地从梦中哭醒。我知道是我亲手杀了我的儿子。那时，几月之间，我身边所有的宫女都以各种理由被调离。而新来的侍从，看上去温婉贤惠，我居然不知她们都是客氏与魏忠贤所遣派的人。

危机早已四伏。连我，也无法逃离这场暗算。

如果不是因为对周围的放松，我一定能窥见身边危险的气息。

谁也无法想象我的苦痛。

一夜的时光，元气已经消耗殆尽。镜子中能看见的，再也不是昨日的面庞。倘若能手握长矛，我定然冲锋陷阵。现在，我必须等待机会。

天启帝有三个皇子，无一能够长成。长子“不详其所生母”，这事《内起居注》也未记录，连我也觉得蹊跷。次子未满 1 岁即夭折。三子未满 1 岁亦夭折。当然，还有的未出生，就被逼致死。这不由让人追溯到成化一朝，万贵妃之歹毒。

莫非，历史真的是惊人的相似？

其时，后宫也已惨不忍睹。18 岁的张裕妃，姿容动人，是天启帝喜欢的妃子。凉秋九月，客氏断其饮食，将有身孕的她关入密室。她死得很惨，“天雨，妃饮檐溜而死。”

而最初力荐我为皇后的赵选侍，也为客、魏二人所恶，被迫自尽。

唯有李成妃，她汲取了张裕妃的教训，将吃的东西藏在檐瓦间。客、魏后来将其幽禁，半个月后，打开大门，她容颜鲜活，神情自如，倒吓死开门的人。

天启一朝，倘被皇帝御幸过，或引他瞩目的，多为客氏加害。此外冯贵人等，或绝食、勒死，或乘其微疾而暗害之。

当年与我站在一起，列入三甲入选的段纯妃、王良妃，均因无宠无出，得以逃过客、魏的毒手。段氏早逝，年仅 23 岁。王氏据说是在后来明亡之时，逃出皇宫，不知所终。

我身边目睹的这些姐妹们，她们的悲惨命运，让人窒息。

客氏“每在宫中肆淫横行，后妃多遭其毒手”。而我又怎能做到，逃避人生的煎熬，遁入人们所谓的心中的静寂的圣所。

当初太祖谓“后宫不得参政”，此后我所做的一切，不过是尽己所能。

捌

天启帝有时与张皇后到西苑荡桨泛舟。

小船轻幌，净几暖炉，茶铛旋煮，素瓷静递。

也可谈谈风月。天启帝对皇后的爱怜，溢于脸上。这是难得的好时光。阳光明澈，呼唤着内心的明净……

张皇后却正言规谏，且不止一次地在天启帝前说客氏、魏忠贤的过失。客、魏当然记恨于心。张嫣“尝召客氏至，欲绳以法”。(《明史·列传》)连皇帝都不敢碰触之人，张皇后却要绳之以法。或许，对一个人来说，许多年后让自己更觉难过的，不是曾经做错什么，或者做的事情置自己于困境，而是——没做什么。

客、魏开始编造张嫣为重刑犯孙二之女，以“不宜玷辱宫闱”为由，企图撼动中宫。天启帝好几次都差不多动摇，天启七年二月，皇帝削除了皇后的父亲张国纪的爵禄，放归故郡。

张嫣免冠去饰，素衣前往，拜谢天启帝。

天启帝突然醒悟，“皇后朕所怜爱，浮言不足深究”。

爱是个无法探究的话题，无法以庸常的思维去解释。而张嫣身居乱世，以其果敢与正直，坚韧与淳良，在必须面对的灾难与离乱，暗算与诽谤面前，试图力挽狂澜，让人敬仰。

天启帝 23 岁离世，他因贪玩落水留下病根，此后又服“仙药”而死，在他重病之际，他选择了自己的弟弟信王朱由检继承皇位。这个贪玩又糊涂的皇帝，终于做了一件明白事。《明史》则载：“及熹宗大渐，折忠贤逆谋、传位信王者，后力也。”在明末的这页惶恐衰飒、风雨飘摇的史册上，“后力”两字分量之重，难以言喻。

天启帝临死之时，张嫣 22 岁。他留给自己的弟弟一段遗言：

中宫配朕七年，常正言匡谏，获益颇多。今后年少寡居，良可怜悯，望吾弟善待。

这倒也中肯。

玖

崇祯登基（图 20）后，先是贬魏忠贤凤阳守陵，旋之下令逮治。在其自缢后，下令碎尸。

客氏自然也是罪不容诛，在浣衣局被活活笞死。

崇祯十七年三月，李自成陷都城，崇祯皇帝煤山自缢（图 21），张嫣自缢身亡。

恰如余澹心在《板桥杂记》序中所说：“蒿藜满眼，楼馆劫灰，美人尘土。盛衰感慨，岂复有过之乎？”

人的命运、归宿和去向，至此，已不是一个普遍意义上的民族和历史

图 20　崇祯皇帝殉国处

图 21　崇祯皇帝的御押

的问题，也不仅是一个带根本性的人的天命的问题。在奔向死亡这个奇特的经历的路途中，我们遇见的人生，与我们想象的一切，无非就是一场历险。

绽放与寂灭——记田贵妃

壹

田贵妃应该是几千年来皇宫禁苑中闪亮的后妃之一。

她花明雪艳，色艺双全。任绝世佳人，亦难得其风韵。

与许多君王的歌舞升平不同，崇祯一朝，始终内忧外患，末世的亡音不消停歇。

崇祯皇帝在位十七年，“不迩声色”。民间所传的六宫粉黛，旖旎妖娆，在崇祯一朝，并非如此。他的后宫简洁朴素，有名分的也就四个：周皇后、田贵妃、袁贵妃和贤妃。

如果专恃色相，田贵妃不会受到崇祯帝长久的宠爱。毕竟，一朝陪在君王侧，没有精神上的交流与欣赏，这个年轻女子不会成为帝王身边不可或缺的人物。

崇祯帝是明光宗朱常洛第五子，明熹宗朱由校弟。天启二年（1622 年），他被册封为信王。明熹宗病故后，由于没有子嗣，他受遗命于天启七年（1627 年）八月继承皇位。

我们参阅历史记录，不难发现，公元1619年4月，万历皇帝的十万大军被努尔哈赤击破，朝代的命运已被注定，此后的四分之一世纪只有令人感到颓丧。

作为大明帝国的末世，崇祯皇帝朱由检在战战兢兢中即位。《胜朝彤史拾遗记》云，为防宫中膳食遭阉党魏忠贤下毒，崇祯帝登基之时，前朝懿安皇后劝嘱：勿食宫中食。他便随身携带家中由周皇后亲自做的麦饼，藏在袖子里进宫。可窥当时情况之凶险。

另一次，魏忠贤进四个国色天香美女给崇祯帝。崇祯帝“欲不受，恐致疑，遂纳之”。待四大美女入宫后，崇祯帝命人搜索她们的身体，“虚无他物”，只是在衣服的一角发现了佩戴的香丸一颗,大如黍子,时人称之曰“迷魂香”。此药凡触之，即神魂颠倒，纵情床笫之中。崇祯帝识穿了这个阴谋，“上命勿进”。

想崇祯帝在位，每日不说是风声鹤唳，至少也算得上殚精竭虑。他即位才两个月，这个16岁的少年就以雷厉风行之手段收拾了魏忠贤，民间称颂他为“圣人出”(《五人墓碑记》)。但他又疑心太重，驭下很严，崇祯期间内阁辅臣走马灯似的换了50个，兵部尚书换了14个，所杀大臣不计其数，仅总督就有七人，国家社稷终也摇摇欲坠。

这是个充满困惑、矛盾而又刚愎自用、极具悲剧色彩的君王。(图 22)能够陪在这样的君王身边，并赢得他的欢心，陪伴他艰辛的践行理想之路，田贵妃定有过人之处。

妃子的命运，总是与末代皇帝悲剧的一生紧紧息息相关。田贵妃又怎能离开这样的历史背景，兀自逍遥成章?

贰

扬州果然是出美女的地方。西汉成帝的美女皇后赵飞燕，就是扬州人。这一方波光潋滟的水乡，润漫的季风吹拂，养出的女儿清灵水嫩，又气韵动人。如同那些望女成凤的父亲，田妃之父田弘遇，对自己女儿的前途充满期待。

田弘遇是个武职的把总（在武职中级别是最低的)，后在扬州经商，家境富裕。商贾人家，终为当时社会所不齿。

吴梅村写田贵妃的《永和宫词》云："扬州明月杜陵花，夹道香尘迎丽华。”张丽华系南朝陈后主的贵妃，虽为美人，出身低微。如此说法，也是有意指田贵妃出身不高贵。

田弘遇明白必须改变自己卑微的身份。在女儿的智力投资上，他是倾注了心血的。

图 22 崇祯皇帝手书“九思”

他“觅善书画者教之”，又让自己在扬州遇到的一个薛姓乐妓教田秀英鼓琴，这个乐妓后来成为田秀英的继母。他一心想让女儿嫁入官宦人家，最高理想是“为士绅侧室”，自己傍得点官气，以是足矣。没有想到田秀英居然想他之不敢想，“竟得选入，宠冠后宫”。

崇祯元年（1628 年），田秀英封礼妃，后为皇贵妃。田弘遇也因此节节上升，《明史・后妃传》中记载，“父弘遇以女贵，官左都督”，自此骄纵不法，引得田贵妃以自杀相威胁才稍稍收敛。这是后话。

与田弘遇一样交上好运的，还有周皇后的父亲周奎。

周奎原不过是苏州贫寒人家，日子过不下去，跑到京城前门大街，替人看相算命过日子。不承想，命运的轨迹就此改变。

天启六年（1626 年），当时的信王朱由检为了大婚挑选王妃时，主持后宫事务的懿安皇后，以长嫂代母的身份，从众多候选人中挑选了周氏、田氏与袁氏。朱由检即位以后，这三位女子随之晋升。

应该说，明代选后妃的制度是十分规范的。这几个女子，都是经历八道关，层层选拔，终于荣登魁首的。这种选妃，其过程大致分为“八级”，逐级加以筛选淘汰。当初朱元璋汲取历朝后宫乱政的教训，规定“慎选良家女为之，进者弗受”，故“妃、后多采之民间”。

然而，在那大规模的选秀之后，对民间来说，最为热闹的，自然就是留都南京秦淮河边的“歌艺选妓”活动了。明清两代，是十里秦淮的鼎盛时期，富贾云集，青楼林立，画舫凌波，成为江南佳丽之地。所谓的“秦淮八艳”“江南四大美女”，都是由此脱颖而出。有些女子，在宫廷选秀落选后，直接参加了选妓，倒也是挣脱了宫廷的冰冷与争斗，人的命运无法言说。

叁

田贵妃的出场，就像娱乐圈的大牌明星，耀眼瞩目。

她天生丽质，有芳艳之色，又有寂冷之味。向来惜墨如金，吝啬于对后妃们的才貌作描述的《明史·后妃传》，难得地用了“妃生而纤妍，性寡言，多才艺”三个短句来描述田贵妃。她惊才绝艳，婀娜美丽，却又意气萧淡，烟视媚行——正合崇祯皇帝的口味。

与乾隆帝的香妃一样，田贵妃还天生带有奇香：“虽酷暑热食，或行烈日中，肌无纤汗，枕席间皆有香气”（李清《三垣笔记》）。这种冷香，轻软隽永，余波潋滟。让人意欲醉入其中，却又不敢轻易走进——如一个女子，裙裾简朴，却又风姿绰约曳动在良夜。

田贵妃写得一手好书法。她自小学习钟繇的楷书，得其精髓，势巧形密，古雅天然。偶然机会得到了王羲之的书法禁本，便反复研究，中、侧、露锋，浓浓淡淡，几年下来，临摹的作品笔法精致，委婉含蓄，美轮美奂，哪怕崇祯皇帝看了，也无法区分哪个是真品。这以后，凡是进入宫中的书画卷轴，崇祯帝都会交给田贵妃题词鉴赏。对于这位色艺齐全的贵妃，世人艳羡不已，其声名很快在坊间传颂。

而皇帝偏偏也能应和。他好读书、写字，书法逼近欧阳询。他的手谕写得清秀遒劲，其骨气之劲峭，意态之俊逸，亦有倜傥之才情。这两人，闲暇之时，便得以彼此切磋，红袖添香，好一副勤学景象。

田贵妃还是一个娱乐天才。说起来，她音乐、书法、下棋、骑马、狩猎几乎无所不通，甚至，还能以三寸金莲，单足立于马镫，百步穿杨。她以自己极致的才情，使崇祯帝本来刻板的生活斑斓多姿。对崇祯皇帝来说，这是天生尤物，是上天对自己的慰藉。

只是晚明烽烟四起，世风颓废，纵情声色而又惶惑悲凉并行不悖。秦淮河边，佳丽云集，脂粉与艳情，风流会聚，互为点缀。京城却是政局动荡，忧患重重。吴梅村《绥寇纪略》说：皇上在深宫之中，不苟言笑。

我们知道，崇祯帝当政，不说别的，单财政状况就让人焦心。天启初年，国家的财政收入不超过330万两，再加上赋税连年拖欠，实际的收入只不过二百余万两，而支出却达到了五百余万两。到了崇祯朝，更不必说，专平定战乱一项，国库就已淘空。

大凡帝国崩溃，首先应是经济崩溃，其后才是政治崩溃。面临国匮民穷的烂摊子，这时的后宫，出现了以往罕见的清静朴素风气，丝毫没有濒临亡国的那种醉生梦死的颓废景象。田贵妃则是素面朝天，这倒也是节省了大笔的化妆开销。她心灵手巧，栽花草，做园艺，还一人承担了为皇上缝补衣服的全部工作。

崇祯帝在位时，后宫没有玩弄珍珠宝玉的娱乐，也少声色歌舞的演出。明月清溪素影，田贵妃弹奏琴曲，有凛然清洁、雪竹琳琅之韵，又有飘逸洒脱，怡然自得之味，抑或细腻委婉，古朴悠扬，真是慰妥人的心绪。

崇祯帝说：这种琴声足以娱乐心神，胜过其他音乐。

田贵妃还擅长丹青，受继母薛氏的传授，工笔画也令人叹为观止。据说明亡后，田贵妃的《群芳图》散落人间，时人争相高价购之。《群芳图》有24幅，合为一本，堪称一绝。其中的荷花，一尘不染，妩媚雅洁，有是此花而不止于此花的意韵；露滴牡丹开，色润花艳，墨色在行笔中自然露出浓淡、干湿的变化，臻为上品。有蒋氏得其二页，一为海棠，一为芙蓉，“幽逸冷艳，皎然独绝”(《梵天庐丛录》)。真是画如其人。

大凡田贵妃的画作，崇祯帝总是爱不释手。皇帝时常将画放在案头细细欣赏。并且特意命人加以装裱，每页都有“承乾宫印”，上端还有思宗题诗。可见其珍惜之意。

崇祯皇帝当政17年，可谓宵衣旰食，焦心求治。他曾将江山社稷压在袁崇焕一人之上，任命他为兵部尚书，督师蓟辽。没有想到两年后，后金兵攻陷迁安、遵化等地，他误信后金的反间计，杀了袁崇焕。曾经，袁崇焕两昼夜急驰三百余里前来救他，如今，满朝文武，找不到可信之人，现实的悲凉与残酷，让他不堪重负。而田贵妃的柔美可人，才情四溢，委实安慰了崇祯皇帝的内心，也让他深深眷恋。

因为这些缘故，两人引为知音。明思宗虽然每日干戈寥落，还保留几分才子的潜质。他精通音律，喜爱演奏乐器，也喜爱作曲，曾经谱写“访道五曲”:《崆峒引》《敲爻歌》《梧桐吟》《参同契》《烂柯游》。这些乐曲由田贵妃演奏出来，更有一种动人心弦的神韵。

这两人真是高山流水，琴瑟相和。田贵妃的美貌与作为，在历史的烟雨中，倒也是淋漓尽致地让我们感受到萦绕其间的香艳迷人的脂粉气息与卓尔不群的清雅风姿。

这是田贵妃绚烂绽放的年代。无人堪比。

肆

晚明实在是一个相当复杂而且多变的时代。一方面，政局动荡，山河行将破碎。另一方面，名士辈出，“天下文治向盛”，书画、文学、理论上都有相当出色的表现。这是董其昌、汤显祖、顾宪成、李时珍的时代，这也是笙歌彻夜，青楼林立，秦淮八艳色冠一方，艳之极致的时代。

明朝遗民余怀在《板桥杂记》中记载当时的秦淮八艳为:柳如是、顾横波、马湘兰、陈圆圆、寇白门、卞玉京、李香君、董小宛。这些女子若是当时“货与帝王”，脂粉与香艳充斥后宫，不知道历史又会如何。

田贵妃的艳与寂，深得崇祯帝之心。就算后来陈圆圆摆在他的眼前，也不过尔尔。

这天，崇祯皇帝命田贵妃弹琴。抚琴是田贵妃的绝技。她缓鬟倾髻，软媚着人，琴声悠扬清越，如黄莺出谷，乳燕归巢，绕树三匝，余音袅袅。崇祯帝大为惊叹，便问在场的周皇后为何不谙此道。周皇后没好气地说："我是正经人家出来的，哪会这些东西。"她这一说，果然令崇祯帝满腹狐疑，他问田贵妃："你从哪学的？"田贵妃说："母亲教的。"崇祯帝便不说话了。

过一阵子，田贵妃让母亲进宫。这天，田贵妃好兴致，弹奏一曲《参同契》，又让母亲演奏《朝天》曲。薛氏果然好身手，一曲下来，"声遏行云"。崇祯帝在一旁连声叫好。

如此释疑，妥帖而又让人不知不觉，也窥其心思之缜密。

日后这样的事情还很多。崇祯帝是出了名的多疑，史载"帝刻忌"。与这样的人相处，有时可谓"步步惊心"。至于日常生活中的小心翼翼，对于田贵妃来说，亦是不得不修的功课了。

田贵妃也有不顾一切，直言相谏时。

有一阵子，崇祯帝沉迷于苏州女乐。田贵妃向来不是妒忌之人，国家大事与个人承欢还是分得清楚的。她上书直谏："当今中外多事。非皇上燕乐之秋。"

崇祯帝居然没有羞怒，赶紧也批文回复说："田贵妃，好久不见，学问大有进步啊。"

帝与妃之间的事，还是饶有意趣的。

崇祯帝还有个癖好，那就是爱把玩女人的小脚。比起弹琴写诗等风雅之事，这也算特殊爱好了。用张岱的话就是，人无癖不可与交，以其无深情也。

后宫中，田贵妃的脚最小，莲钩纤细瘦削，最为得宠。这天崇祯帝看见田妃的绣鞋刺绣得精美无比，正欲称赞，忽然看见绣鞋上用金线绣成的一行字"周延儒恭进"。崇祯帝便脸色大变，责备说："你竟敢收外臣之物？"拂袖就走。自此好些时日不玩田贵妃的小脚。亦是有个性。

《明史·后妃传》中记录，田贵妃独承皇恩，"有宠而骄，后裁之以礼"。周皇后逮住了一个机会。有一年的正月初一，天寒地冻，按规矩众妃大清早要来给周皇后行礼。田贵妃来得最早，站在走廊里冻得不行，也没见周皇后召她进去。倒是袁贵妃迟了许久来，先进去行礼。当下，田贵妃羞忿难平，到崇祯帝那里告状。

崇祯帝向以“明君”自称，见不得后宫之纷乱。以田贵妃之内外兼修，也不应该做事到被罚反省思过的地步。但这次崇祯皇帝一时生气冲到交泰殿将周皇后推倒在地，周皇后也不是简单的人，开始绝食，惹得崇祯皇帝后悔不已。他派人送了貂皮衣服给周皇后，又罚田贵妃搬到启祥宫反省三个月，这事才算了结。

整整三个月，她每夜独对青灯，寂寥，伤怀，泪湿衣衫。美貌不会永远，恩宠也没有永远。田贵妃的心酸，肯定大过于她的反思。

三个月后，这一天，春色宜人，桃花初开，永和门花事正盛。崇祯皇帝携周皇后、袁贵妃等人前往赏花。周皇后看出崇祯皇帝眼有寂寥之色，便细声软语地在一边对崇祯帝说：田贵妃好久不见，让她一起去赏花吧。

这是很好的台阶，刚好让崇祯帝下来，不需低头，也不牵强。

田贵妃接了过来，依然眼神含烟笼雾，身姿窈窕妩媚；素面朝天，却清香宜人。如同初见，甘美清凉，崇祯帝前嫌尽释。

这些事，说起来也是有声有色。连大历史学家黄仁宇都纳闷，这些历史记录中，反而是他们的私生活倒成为公众的问题，百官争吵不清，通常牵扯着皇帝御前的行止和他家庭中的纠纷，好像人世间最重要的事体不发生在他们祖庙之内，即发生在宫闱之中。

伍

崇祯朝后期，帝国在风雨飘摇之中。

我们来看崇祯十二年（1639 年）。

这一年正月，清军攻占济南，俘虏了40万人，掠金4000 余两，银 97 万两。陕西、河南、山东发生蝗灾、旱灾，大饥，人相食。天灾人祸，让帝国不堪一击。

李自成则率50骑人马闯入河南。河南大旱，斛谷万钱，饥民争相参加义军，人数达50万。

徐霞客在四月来到滇西，游蝴蝶泉记曰："泉上大树，当四月初花发，花如蛱蝶，须翅栩然，与生蝶无异，又有真蝶千万，连须钩足，自树巅倒悬而下，及于泉面，缤纷络绎，五色焕然。"

吴三桂时任辽东总兵，年仅27岁，受到崇祯帝重用。距他遇上陈圆圆还有一些时日。

冒辟疆此时初识董小宛。钱谦益在"草衣道人"王修微家得见柳如是（图23）。张岱43岁，"好鲜衣，好美食，好骏马，好华灯，好烟火，好梨园，好鼓吹，好古董……"传世之作《陶庵梦忆》还未成书。

农历七夕，留都南京暂时依然莺歌燕舞。复社四公子之一的方以智寓居秦淮河水阁，聚集八方名士，举办"征歌选妓"盛会。这一夜，画船箫鼓，去去来来，周折其间。天光晶映，朱栏倚疏，荷花风起香动。一番角逐，名妓王月脱颖而出。她色艺俱佳，"曲中上下三十年决无其比也"，又"善楷书，画兰竹水仙"，如出水红菱，又如孤梅冷月，含冰傲霜，"矜贵寡言笑"。几年后，新科花魁王月则被张献忠砍了头，她的头放盘子上蒸熟，"以享群贼"。王月的命运如此，让人唏嘘叹息。

我们再看崇祯后宫。崇祯十二年，国家已在内忧外患之中，后宫暂且保持原有的平静，却亦是暗流涌动。

田贵妃年仅五岁的皇五子突然病死。在此之前，她的两个儿子也都相继夭折。对于一个女人来说，哪怕"宠冠六宫"，哪怕美貌与技艺让世人叹服，都无法释缓骨肉分离阴阳相隔带来的致命伤痛。她自此卧病。

皇五子"少而慧，上绝爱之"（王誉昌《崇祯宫词》），崇祯帝对五皇子超乎寻常的宠爱。他的死亡有点蹊跷。不是病死，而是被活活吓死。死时说："九莲菩萨让我告诉皇上，他对外戚薄情，就让他的儿子全都死掉！"崇祯帝惊恐不已，为此开始每月吃素十日，以免天谴。

这件事缘起国库虚空，崇祯帝要求贵戚捐助军饷。崇祯帝首先向武清侯李国瑞强借40万两银子，引得贵戚们一片恐慌。周后的父亲周奎带头向

图 23 柳如是《月堤烟柳图》卷（局部）

崇祯帝进言，崇祯帝不予理会，命令内官衙门按期追缴。李国瑞竟然吓得病死。他这一死，令外戚们兔死狐悲。

应该说，在正史上，周后以贤德留名。但野史说法纷纭，有说周后嫉恨田贵妃之得宠，联合父亲周奎，吓死皇五子，置田贵妃于死地。也有说，原本算命出身的周后父亲买通皇五子身边奴仆，装神弄鬼，以此招，逼迫崇祯帝放弃贵戚捐款。事实上，崇祯帝也是不得不停止向贵戚催饷，外戚的阴谋终于得逞。

以周奎之吝啬，我们不能不怀疑，遇上利益纠纷时，周奎会这样做。因为，

几年后，李自成部队将要进军北京之时，国库虚空，崇祯帝秘密派太监徐高与周奎商量，叫老丈人带头倡议所有“勋戚”为国捐款，岂料周奎“坚谢无有”。后来反复劝说，才捐出个一万两。崇祯帝死后，李自成军队抄去周奎家“现银五十三万，缎匹以车载之”。宁愿让资产落入敌手，也不愿帮助女婿保家护国。崇祯帝摊上一个多么愚蠢而又卑小的老丈人啊。

皇五子的去世，对田贵妃，是致命一击。她万念俱灰，抱病在身，大费周章地辗转将仅存的皇四子送入与自己关系谈不上亲厚的前朝懿安太后手中，让懿安太后代为照顾，似乎也有难以言说的苦衷。

我们试图追寻历史的蛛丝马迹，但毕竟都只是个人的猜测而已。

只是，宫廷中的事情，哪怕尔虞我诈，都掩盖在真相的皮囊之中。

在这看似漫长实则白驹过隙的人生，绽放与寂灭，只是一步之遥。

陆

崇祯十五年（1642 年），崇祯皇帝第三次发布罪己诏。亡国的忧思，昭然在心。

他既有和朱元璋一样的勤奋，也不乏唐玄宗、汉武帝一样的中兴壮志。无奈大明已历经270多年，前几朝的积重难返，当时天下饥馑，疫疾大起，再加上李自成、张献忠等农民起义风起云涌，满洲铁骑步步紧逼，所谓“屋漏又逢连夜雨”，明王朝面临没顶之灾。

七月十五日，久病的田贵妃去世，年仅30岁。

她身心俱疲，劳思过重，悒郁而死。

一朝伴君，也只是片刻的欢娱；极致的才情，也只为一悦龙颜。

田贵妃恣情绽放，伴随他走过崇祯一朝的斑斓明媚与血雨腥风。整个王朝却似曾经华美如今破旧不堪的袍，她装点过它的华贵与清雅，幸而不必，目睹它的毁灭。

个人的命运总是与家国的命运紧紧相连。在错综多变的政治局势中，历史风云际会地让忠义之士留存史册。而这个曼妙的女子，也以香柔之姿，让明末枯萎黯淡的历史有声有色，而又凄凉悲婉。

崇祯帝悲恸悼之，辍朝三天，追封她为谥恭淑端惠静怀皇贵妃，将其安葬在思陵。

崇祯十七年（1644 年）的春节。正月初一，北京城内大风呼啸，出现了罕见的沙尘暴。“飞沙咫尺不见，日无光。”此乃不祥之兆。卦文上说，将有“暴兵破城”之灾。

历史注定崇祯帝轮上了一个悲剧性格的角色，——他的一生好像就只是为了中兴大明，他的整个生命都奉献给了重振祖宗家业这个镜花水月般的华丽梦想。到最后，却是，“嗟尔明朝，大数已尽”（李自成语），在造反军攻破北京之时，心力交瘁的崇祯皇帝在煤山自缢，终年34岁。

比起崇祯皇帝煤山自尽，周皇后乾宁宫自缢，袁贵妃依崇祯帝命自缢却未死，后由清廷赡养其终身，田贵妃也算死得恰是时候。

毕竟没有死于非命，也没有亲历亡国的伤痛与劫难。死后，田贵妃至少也还有一座正式的陵墓。

四月，李自成将崇祯皇帝与周皇后遗体草草葬入昌平县思陵（也是田贵妃陵寝之处）之中。

理想与现实、宠爱与冷落，是非与纷争，都已安于一穴。

田贵妃的短暂一生——从绽放到寂灭，华丽到清冷。

风流总被雨打风吹去，任世事无常。

最是沧桑起风情——记孝庄文皇后

孝庄文皇后（图 24）的一生，只属于大历史。

她经历的所有曲水流觞的故事，以及悲喜，如同时光的泡沫，沥干后，留下的是传奇——简洁深远的重大历史事件，激动人生的片段——只有传奇。（似乎没有人比她更适宜谱写传奇。）

想象一个女子，历史给她一个华丽而又充斥刀光剑影的舞台，她却如武侠中之绝顶隐士，身怀绝技而又不动声色，能一剑封喉却也能一再隐忍，行走江湖却只为辅佐他人，这又是何等的功夫。

她被世人誉为“清朝国母”。她的政治智慧尽人皆知。她的顾全大局引多少人尊崇。这一切，却只如冰山一角，迄今为止，她的神秘，没有人真正了解。

她的一生必有难言之隐。但是，人这一生，必须说清楚的话实在不多。

她的婚姻她不是主角

天命十年（1625）二月，孝庄出嫁，皇太极“设大宴以礼成婚”。

她年仅13岁，脸上还有着稚嫩的笑，却已出落得楚楚动人，落落大方。

马车颠簸。嗒嗒的马蹄，穿行在辽阔的科尔沁草原。哥哥吴克善护送在边，送她前往后金的新都辽阳。

她掀开帘子，眼前是碎金般的阳光。星星点点的绿意，正在唤醒这块沉寂的原野。偶尔有放牧的羊群，悠闲地踱步在草地上。这是她宁静美丽的家乡啊。

远处突然传来草原上马头琴的声音。激越高昂，又有万种柔情，悠扬舒缓。心儿醉了般，却也添了种她从没有过的感觉，那可是伤感？

图 24　孝庄文皇后朝服像

那是留驻在她心中的乡音，也是她心中永存的深情。

皇太极这年已经34岁，正当盛年。这位努尔哈赤的爱子，生来面色赤红，勇力过人，步射骑射，矢不虚发，却也爱看书学习，能文善武。多年来，他跟随父亲四处征战，在逐步完成统一女真各部的基础上，他已经帮助他父亲努尔哈赤建立了新的后金国家。这也是一代英雄，无论在天命三年后金与明朝的第一次大战——抚顺之战，还是天命六年努尔哈赤发动的辽沈大战等重要战役中，他都起着举足轻重的作用，他以自己的战功，赢得了父亲的喜爱与将士们的爱戴。

科尔沁部落首领莽古思准确地捕捉到这一非同寻常的信号。11年前他将自己的女儿哲哲嫁给皇太极，11年后，他又将自己的孙女布木布泰果断地再嫁给皇太极。

这桩婚姻之上的婚姻，在明末东北各族各部的混战中，成为巩固蒙古与遥远的后金女真的坚不可摧的城墙。

多年征战沙场的皇太极，对于再次迎娶博尔济吉特家族的女子，内心的荣耀感甚于对这桩婚事本身的喜悦。

他亲自到沈阳城外的北岗迎接，在那里举行了盛大的宴会，鼓声喧天，气势浩大，颇似沙场秋点兵。

这一天，天空是洗过的澄明。等送亲的队伍快到沈阳城时，已是暮色降临。谁也没有想到，大汗努尔哈赤居然也亲自率众后妃、贝勒、大臣出城迎接。

对于一个13岁的女子，她的第一次登场，就预示着非同一般的开始。

天空以极大的慈悲，俯瞰着苍生万物。整个沈阳城，正沉浸在巨大的喜庆中。

这样的欢欣，似乎注定让这个王国的国王与臣民，提前用这样盛大的仪式，庆祝一个日后能立大清基业，且让大清开始两百多年盛世的“两朝兴国”太后——孝庄文皇后的到来。

这一切都还太早。历史的大变革，还都在暗涌之中。

天命十一年（1626年）八月十一日，努尔哈赤病逝。他直至生命的最后一刻，也没有明确选出汗位继承人，这让汗位的争夺甚为残酷。尽管此前，努尔哈赤与代善、阿敏、莽古尔泰、皇太极四大贝勒对天焚香发誓，让子孙互相辅佐，勿开杀戒。但是，他死后的血腥，可想而知。

这场皇权争夺的第一个牺牲品是多尔衮的母亲，风姿貌美的阿巴亥。这年她才37岁。

八月十二日，以皇太极为首的诸王传努尔哈赤遗命，逼她殉死。按照当时殉死的限制，爱妻且膝下无幼子的可以殉死。《太祖武皇帝实录》中记载阿巴亥“心怀嫉妒，每致帝不悦”，她应该不算是努尔哈赤的爱妻吧。而且她的三个儿子，最大的22岁，最小的13岁，多尔衮也只有15岁，儿子尚小，更不符合殉死的条件。

皇太极已经敏锐地看到了多尔衮的非凡才智，日后弟兄三人要是团结一致，其背后又有一个“颇有机心”的母亲，必定是个祸患。

小布木布泰冷静地目睹这个场面。辛亥辰时，阿巴亥怀着幽怨、悲愤与对儿子的不舍，走上政治的祭坛，自缢身亡。

政治斗争的残酷，尽在眼前。布木布泰忘不了这个死别的场景。哪怕很多年后回想起来，依然有死亡的气息，恐怖而森严，凛冽而又血腥。尽管她无意卷入政治的战场，但从她成为皇太极侧福晋的那一天，她已经站在历史的漩涡之中。

这一年的九月一日，皇太极终于在激烈复杂的斗争中力排众扰，登上汗位。

如愿以偿的一刻，有更深的危机潜在。科尔沁部落必须要给这场政治联姻再加上一个筹码。

这是在天聪八年（1634 年），科尔沁部落的两个女人这么多年，也都没能给爱新觉罗家族添上一个皇子。

于是，在小布木布泰出嫁的第九年，她的姐姐海兰珠也嫁给了皇太极。那年，姐姐已是26岁。

自此，亲姑侄三个女人同事一夫，这样的婚姻本身应该无关爱情，这事情也有点离奇，在中国历史上十分罕见。

我们的顾忌对科尔沁部落的女人而言，根本不屑一提。每个蒙古科尔沁大草原的女子，她们的婚姻都承载着民族的使命。对于她们来说，婚姻的第一要义，是为本民族的安定与延续。这是强大的历史使命，至于小布木布泰，她能做的，不是抗拒，而是服从，并且心甘情愿。

但是，阔别多年的姐姐海兰珠的到来，如同吹来草原上清新怡人的空气，沉闷的宫廷突然明亮而清丽起来。皇太极的脸上，有了一种别样的温情，让这位40多岁的男人有了一种震慑人的柔情。

崇德元年（1636年），皇太极以古代名妃常用的封号，封海兰珠为“宸妃”。他以《诗经》中的“关关雎鸠，在河之洲，窈窕淑女，君子好逑”，将宸妃居住的寝宫命名为“关雎宫”。这个成熟女人，周身散发着桃子的气息，丰满圆润而芳香，让皇太极深深迷醉。

也正是在这一年，皇太极（图25）将海兰珠的地位列为五宫中的第二位。仅次于她的姑母哲哲，也就是孝端文皇后。布木布泰则为庄妃，列为五宫之末。

我们从这个“庄妃”的“庄”，似乎略知端倪。她嫁给皇太极时才13岁，不谙儿女之事，终究也不解风情。皇太极有时看着她读史讲诗，一副认真端庄的模样，也只是欣赏这个小女孩的好学，这种感觉与爱恋不同。哪怕她渐渐长大，在他心里，依然是那个能捧着一部《三国》读到天黑，帮助姑姑哲哲管理后宫井井有条的女孩。她行事庄重，她是个好女孩，但她不是他爱的女人。

只是，对于庄妃来说，哪怕比她迟入宫九年的姐姐都位于她之前，这又何妨。将痛苦与落寞深埋心中。命运本身是不规则，不分类的。不用着急，也不必埋怨。或许有时需要的，就是那一点点的耐心，一点点的容忍而已。

崇德三年（1638年），在庄妃嫁给皇太极13年又坚持不懈地为他生了三个女儿后，皇九子终于来到这个世间。这是在宸妃所生的已被定为皇位继承人的皇八子夭折的第二天。这个时间节点有点微妙。皇太极将这个孩子起名为：福临。

皇八子的早夭，让姐姐海兰珠痛不欲生。入宫的第八年，33岁的宸妃

图 25　皇太极像

离世。

皇太极（图 26）悲恸欲绝，寝食俱废，乃至昏死过去。待一日忽迷惘乃悔曰：“天生朕为抚世安民，岂为一妇人哉？”这个领悟算是透彻，一代天子的使命，应该是江山社稷，而非美人也。只是，“上仍悲悼不已”，不到两年也追随宸妃而去。

对于庄妃而言，18年后，儿子顺治帝因为董鄂妃的离世悲痛欲绝随之而去，便是丈夫皇太极情感悲剧的复制而已。

只是，这是改变庄妃命运的皇九子。这也是大清的龙脉——顺治皇帝。

命运有时给你丢下个戏谑，我们信以为真，捡起来以为是个礼物。（可是，它真的就是个礼物啊。）

这场婚姻，她不是主角。

可是，又有什么关系呢？历史无意将她推到封口浪尖，但是无疑，她是最大的胜利者。

她的爱情她不在场

崇德八年（1643年）八月九日，皇太极突然离世。由于未预定储嗣，使皇弟多尔衮与皇太极的长子、肃亲王豪格之间展开了激烈的皇位之争。双方势均力敌，相持不下。

那年，庄妃才30岁，福临6岁。

那年，多尔衮31岁。距他的母亲阿巴亥被逼殉葬已有16年。

历史翻过了那一页。但是，它像刀一样，刻在阅读者的心里。

一个是五宫之末的庄妃，一个是正当年富力强的骁勇之才。落寞的美人与失势的英雄之间，总得有一种惺惺相惜，撞击出火花，演绎出一段故事，才不辜负一大群看客。

庄妃与皇太极相伴18年。这位改国号为大清的皇帝，与她一起度过风云变幻的岁月。这种感情，是对岁月的感激，并不是一个“爱”字所能涵盖的。

然而，从小失去母亲的多尔衮，他看着庄妃从稚嫩的小女孩，长大成一个举手投足别有韵味的女子，有种别样的感觉。他也仿佛觉得，人多的时候，她总向他投来的关切的神情。有时他突然抬头，刚巧与她的目光相对，

图 26 皇太极朝服像

她的眼里有着笑意，他的心情也就明媚起来。有一次，她正在花园里读书，他恰好路过，不忍打扰，阳光透过树叶落在她的脸上，细腻凝神，似是通透的一个人儿。他害怕再站下去，再看一下，就看一下，自己会走过去说些什么话。他第一次有种无法自抑的力量在牵着他，赶紧逃走。

皇太极的离世，让一切都改变。

如果你倾心一个人，你想到她，充满快活，这充其量只是喜欢。爱却是一种伴随痛感的心理体验，不管那人多么荣耀，你心里就是有一种驱不散的莫名的怜惜。

更何况，他目睹她失去皇太极的悲痛。说起来，多尔衮的妻妾也有十多位，但从来没有一个女子像她那样，能让他怜爱到心痛。

这位努尔哈赤的第14子，顷刻溃不及防。

尽管手握重兵，权倾一时，成全自己的野心，成为一代帝王，告慰他母亲在天之灵，已是一步之遥。但是，在庄妃面前，他突然之间没有了斗志。江山社稷毫无意义，只要她露出欢颜，世间的一切放弃，都是值得。

似水般的柔情，娇弱的身躯，忧伤的眼泪……这就是在多尔衮面前的庄妃。“以天下之至柔，驰骋天下之至坚”。这可是她让多尔衮心动的缘由？

他几乎一夜间，推翻了自己原来的所有野心。第二天，提出动议，拥立皇太极第九子福临为帝，结果获得通过。福临于八月二十六日即帝位。

她不动一刀一枪，顺利让儿子登上皇位。自此，她亦不再是庄妃。后世称她：孝庄文皇后。

福临即位，小皇帝羽翼并未丰满。她依然需要依靠多尔衮。他则甘心情愿当上个摄政王，全力辅佐她六岁的儿子。四处征战，平定天下，其中的艰辛与苦心，只为一个人快乐。

她如愿以偿，她的目光里果真有着欢喜。他这次真的是沉浸其中了。他忘记了爱情不一定就是两个人的欢悦，有时也是走过一片片空旷的原野，四处回望，只有自己一个人，站在萧瑟处。

在他面前，她已经贵为皇太后，却是凡事依靠他，需要他掌控朝廷局面，需要他应对四起的战乱。但是，她的内心，已过千沟万壑。

虽说儿子是皇帝，但是，皇帝的玉玺也是由多尔衮操控的。皇上没有玉玺，只能是个摆设。顺治帝已经渐渐长大，这种矛盾一触即发，却又苦于无奈。哪怕孝庄多次劝告：“忍下就好。”或者说：“退一步，海阔天空。”谁也不知这种忍耐能够持续多久。这样的冲突一触即发，宫殿里又一场残酷的厮杀就要开始，没有想到的是，顺治七年（1650）十一月中旬，多尔衮突然发病而死。

死亡是最好的终结方式。终结了多少暗潮涌动的危机。似乎有时也是上天奉送的礼物。

那么，回望多尔衮与她的这段情感，我们只能说，她并不为爱而生。

她本来也可能成为一代皇后，如果多尔衮能够登上皇位。但是，她选择将情人送上不归路，让自己的儿子登上皇位。很多时候人的选择，不是非黑即白的分野，而是在两难之间抉择。

爱情来了，她选择不在场。

当她从遥远的科尔沁部落嫁到后金，经历这么多年钩心斗角、尔虞我诈的皇权纷争，她比谁都明白，全力去缔造帝国稳定的基业，才是爱新觉罗女人的使命。

世上再也不会有像多尔衮（图 27）这样的男子，这样地爱着她，为了她，甚至拱手将皇位相让。可是，对于子孙万代的千秋帝业来说，她自己的爱情又算得什么呢。

历史上，法国路易十五继位年仅五岁，菲力普摄政。摄政王的首要任务就是要恢复国家的秩序与稳定，菲利普也取得一定的成绩。但是，摄政王时期也是法国历史上道德最为松弛的时期。菲力普摄政八年，他是个勇敢而仁慈的人，同时，纵欲与享乐，占据了他生活的大半。他在最爱的女人的怀抱里死去，为人生画上句号。

这是多尔衮去世多年后，在遥远的欧罗巴，摄政王的故事。无论是多尔衮还是菲利普，摄政对其个人而言，实乃千秋万岁名，寂寞身后事；对王朝而言，却是飞云过尽，谁与争功。但总得有个念想他的人吧。

多尔衮是个真心对她的男人。只是他不一定懂得她。

图27 多尔衮摄政王府

可是，多年后，她会怀念那个叫多尔衮的男人吗?

如同徘徊在布满青苔的雨中石阶上，眼前是杨柳般的雨。满身的潮湿，满眼的苍茫。

这种感伤，在她的内心，只能是一种悲怆。成不了遗恨。

这个夜晚有点冷

多尔衮死后，顺治帝亲政。他确实面临一个烂摊子，大规模战乱刚刚结束，经济凋敝。这是最坏的时代，这也是最好的时代，顺治帝可以亲历而为，力求复兴。但是，他只有14岁。

八旗制度的存在，使诸王统军议政，几十年的征战，尤其是清朝入关以后，诸王、贝勒、贝子、公侯掠夺了大量财产，占据辽阔土地。诸王势力日趋强大而皇权衰微，这是客观存在的问题。限制诸王贝勒权力，从而集中皇权，这是眼前必须要做的事。

他的长矛首先要指向尸骨未寒的多尔衮。

这是个平静的冬夜,如同所有的紫禁城的漫漫长夜。孝庄坐在灯下读书。陪伴她多年的贴身侍女苏麻喇姑正在和她说些什么。

苏麻喇姑出生在蒙古科尔沁草原的贫苦牧民家庭。与其说她是孝庄的陪嫁侍女，还不如说，她是孝庄最忠诚的朋友。

顺治帝走了进来，带来外面的一阵寒风。他一句话也没说，坐在这里，沉默许久，这里的空气甚或窒息。

复杂的宫廷生活已使少年皇帝格外地早熟。

苏麻喇姑轻声地叫道："皇上……"

孝庄依然在读书。她的神情专注，这定是一本好看的书。

"我必须要追罪多尔衮！"

然而，他的话既已出，他的内心却有点忐忑。

其实，他心里比谁都知道这个男人对母亲意味着什么。他也知道，如果没有多尔衮，那么自己如今，只是贝勒，或许正臣服于豪格。

能够威胁皇权的因素太多了。从某种意义上说，他的母亲也是。北魏建国后，道武帝拓跋珪为防止出现母后及外戚干政，制定了子贵母死制度，在确立储君之时将其母先行处死。明太祖朱元璋更是留下了"后宫不得干政，违者斩"的祖训。对于后妃干政，帝王向来十分忌惮，不无道理。

顺治帝的内心,突然恐惧。但是,他只能从清算多尔衮开始。所有的障碍,必须得一步步清理。现在还不是时候。

历史是鲜活的。这一日，罗马帝国克劳狄乌斯王朝最后一任皇帝尼禄，送母亲阿格里披娜走上游船。

他深情地与母亲吻别。阿格里披娜心里涌上一股幸福的感觉。

船起航，没多久，船突然侧向一边，他的母亲阿格里披娜被抛入水中。当她挣扎着游到岸边，刽子手说："我奉国王的命令来杀死你。"

尼禄从小在母亲的管制下长大，却也像他的母亲一样，阴险多谋、贪权好势、利欲熏心。当初他母亲为了让他做皇帝，色诱老国王，成为皇后以后,又下毒手毒死老国王,让年仅1 7岁的尼禄当上了国王。他做皇帝时,母亲经常干涉他的自由。于是，他就指使人杀死了自己的母亲。

尼禄死时才32岁。他的残暴统治激起群愤。公元64年，他被宣判为人民公敌。

这个夜晚，真的有点冷。寝宫里的灯火，也无端地闪烁，突然黯淡下来。苏麻喇姑赶紧去拨弄灯芯，灯火颤动了几下，重新又亮了起来。

顺治帝抬起头，正好看见母亲的脸。

孝庄把书本轻轻地合上。她神情平静，说："好！"

就一个字，一个"好"字，却如同千金。他听得很清楚。他确信自己没有听错。

顺治帝只记得离开时，自己的头突然轻了许多。脚步也轻盈起来。一溜小跑，他听到夜的气息，却似有早春梅开的清香了。

这晚照常灭了灯，入寝。苏麻喇姑听到她起身，喝水，回来又睡下。也不知多久，她的鼾声轻缓地响起。天空已有点灰蒙蒙，苏麻喇姑揪着的心，也终究平静下来。

没几日，顺治帝下令，将多尔衮的罪状一一罗列，昭示天下，并开棺鞭尸，最后砍掉脑袋，暴尸示众后，焚骨扬灰。

与此同时，多尔衮的党羽亲信，有的被处死，有的被罢官。那些对幼主忠贞不贰、智勇双全，或对追罪摄政王多尔衮立有大功的人，则得到了顺治帝的擢用和嘉奖。少年皇帝巩固了帝位与君权，开始了他轰轰烈烈的治国宏业。

对于孝庄来说，她目前要做的，是给儿子举行一个大婚礼。新娘则是自己的侄女，福临的表妹，来自科尔沁部落博尔济吉特家族的女子。

满蒙联姻，这是巩固大清统治的基本国策。而顺治帝，哪怕内心不满，也不容违抗。

她坚持她必须坚持的。只要与大局有关。

想当初，刚刚入关，孝庄聪颖睿智，辅佐幼主安邦定国，声望极高，不少朝臣上奏请太后垂帘听政都被婉拒。

她无意参政。只是历史的枢纽因缘际会地掌握在她手里。她曾跟着皇太极经历了大风大浪，经历了清朝建国的全过程。她目睹明朝的灭亡，她也目睹努尔哈赤死后众贝勒残酷的争权。如今，她能做的，就是“保”。想当年阿巴亥保不了自身，但以死殉葬，保住了多尔衮三兄弟。孝庄要“保”的，不仅是自身，也不只是一个顺治帝，更重要的是——大清基业。

她的进退她做主

一部大清历史，其实是两个女人的舞台。前有孝庄，辅佐顺治帝与康熙帝两位幼主，后有慈禧，垂帘听政，经历了同治帝与光绪帝两个时代。一个在搭台，一个在拆台。孝庄如果有在天之灵，她看到后世的慈禧，拼命在学武则天，却学得生灵涂炭，亦是无语。

皇权是至高无上的。一旦皇权在握，女人的纤手并不为破新橙，也可以主导历史进程。大凡女性当权，总有比男性更为膨胀的政治野心与血腥。美貌是她们的通行证，如果再有点心计，便是奇谋异技，毒心辣手，慈禧太后就是这样演绎的。但也有窦太后这样的置于权力中心的女人，“操行纯备，进退以礼”，平日里退居幕后，以德训导武帝，国家危难之际，亲自命令诸将出击，保全国家。进退自主，对皇权的拿捏有度，赢得了后世的尊重。

在她的一生中，顺治帝的死，是她心中无法弥补的悲痛。因为一个董鄂妃，少年天子可以弃江山于不顾，还要闹出个要去做和尚的风波，这正是自己的痛心之处。所以，康熙帝的继位，寄托了孝庄更大的期待。

据《啸亭杂录·苏麻喇姑》记载，康熙皇帝年幼时，孝庄文皇后便选定苏麻喇姑做他的启蒙老师，玄烨“赖其训迪，手教国书”，懂得了很多人情事理，掌握了很多的治国知识。苏麻喇姑平生有些“怪癖”，比如她一年中从不洗一次澡，只有除夕那一天，用极少的水对身体进行擦洗，然后将“秽水自饮”，以示反省，这是孝庄钦定的康熙帝的启蒙老师的特别之处。

康熙八岁即位。重臣元老索尼、苏克萨哈、遏必隆、鳌拜成为辅政大臣。

康熙四年（1665），玄烨刚过十二岁生日。这一日，孝庄召索尼入宫。

索尼此时正以年事已高，体弱多病为由，在家病休。说是病休，实是以退为进。随着位居末位的鳌拜的势力日益扩大，资历最深的索尼不得不尽量避免与鳌拜发生正面冲突，静观其变。

对孝庄这次的召集入宫，索尼料想定与鳌拜有关。太皇太后绝不会容忍顺治初年摄政王多尔衮专擅朝政的局面再次出现，她要出击了。

但是，无论等会孝庄让他正面抵抗鳌拜，还是让他再忍下鳌拜，对于三朝元老索尼来说，此时亦懂得自保。他准备好的托词就是："老夫年事已高，请太皇太后允许老臣告老还乡吧。"

待得进入宫中，孝庄正在品茗新茶。

想必是上好的龙井，新绿的嫩芽，香气氤氲，弥漫缭绕。在旁边的苏麻喇姑笑意吟吟，似有喜事要说。

孝庄招呼索尼坐下，亲自端上茶。青花瓷杯子，釉质纯净莹润，古朴温软，方是上品了。

索尼迷惑不解，孝庄直言直语。

这桩让索尼受宠若惊，也堪称大清皇室颇为成功的一桩大喜事，就此说定。

康熙四年（1665年）九月初八，遵照皇祖母孝庄太皇太后懿旨，十二岁的康熙皇帝与索尼的十三岁孙女赫舍里氏进行了盛大的婚礼。幸运的是，虽是政治联姻，结婚当夜，两人亦是"绕床弄青梅""羞颜尚不开"，夫妻极为恩爱。赫舍里氏皇后亦是康熙帝的贤内助。

而在四年后的清除鳌拜集团的斗争中，索尼之子喇布喇、索额图更是效忠皇上，忠勇双全，成为玄烨的得力助手。

时间如白驹过隙。转眼就是康熙二十六年（1687年）。

腊月初一那天，康熙皇帝在卯时出发，不骑马，不乘轿，步行到天坛为祖母祈福。面对上苍神灵，他口中念道："若大数或穷，愿减臣玄烨龄，冀增太皇太后数年之寿。"听者无不为之落泪。

如同所有多寿的祖母，子孙孝顺，让她颐养天年。但是，自从前两年右侧身瘫痪以后，孝庄就一直没有恢复过来。这次更是一病不起，眼看卧床已有一个多月，病势却似越来越严重。

在玄烨心中，祖母永不会倒下。想当年，鳌拜夺权，三藩为患一方，后来又有京师大地震，太和殿火灾，爱妻赫舍里氏崩逝。当天灾与人祸接踵而至，好多次，他都以为路已经到了尽头，他再也走不下去了，是祖母帮助他渡过一个个难关。这不仅是他身边最亲的人，也是他的精神支柱。

祈福过后，祖母的病情并未见好，忽而清醒，忽而言语不清。

腊月二十五。这一日，大雪纷飞，紫禁城已是银装素裹。寝宫里，不远千里送到京城的曹州牡丹突然盛开，春意融融。此花大冬日开得层层叠叠，雍容华贵，富丽堂皇，一番盛世景象。

花儿或许是有感应的吧。都说“国运昌时花运昌”，也有诗句“香透乾坤绽芳容”，说的也是。

但是，这是玄烨熬过的最漫长的夜晚。他整夜未眠，席地危坐，通宵守在祖母的病榻前。

昏睡了好几天的孝庄，此时却突然清醒过来。她无比怜爱地唤着玄烨的名字，用颤抖的手，擦去他的眼泪。

“我有一事……”

看孝庄有点欲言又止，玄烨说：“祖母，您心里还有什么牵挂？我一定照做。”

“我死后，你不要把我送回昭陵。我心里想着你和你父亲，就把我安放到孝陵附近吧。”

这是她此生给康熙帝出的最大的难题。

康熙帝终其一朝也不知如何是好。尽管这是祖母的遗言，但是葬在孝陵附近，有违祖制。哪有皇后不葬在皇帝身边的。如果不葬在孝陵，祖母的遗言，康熙帝是绝对不可以违背的。

这位被后世颂为“千古一帝”的英明君主，以他的毕生智慧，面对祖母留下的千古难题，左思右想，最终也只想了个折中的办法。也就是在遵化顺治帝的孝陵附近建一座暂安奉殿，先将祖母的灵柩停放在那里。

只是没有想到，这一停，就是37年。

图 28　孝庄文皇后的昭西陵

后来雍正帝即位，顺势将暂安奉殿改建为陵，这事才算解决。并将其与皇太极盛京的昭陵呼应，名为“昭西陵”（图 28）。

人们猜测安葬风波，更多的答案是：太后下嫁。究竟太后有无嫁给多尔衮，是否因为自己已经白璧有瑕所以无法与丈夫合葬，已经不得而知。但是，我们想，依孝庄之智慧，她一定明确知道自己要做的是什么。至于太后有无下嫁，任他人评说。

最是沧桑起风情

孝庄（图 29）一生坎坷波折，留给后世一个美丽的传奇。

也许生命的神秘深邃就在这里，在生命的苦痛中，总有一些劳瘁而苦涩的幸福，它与人类的命运息息相关，值得九死一生。

人生各个阶段的存在理念，不过都是生存意志的客观化。对于孝庄来说，无论爱情、婚姻还是权力，都不是她能感受到的幸福。如果此生在场，听从良知与内心的召唤，投身其中，这种“召唤”出于“我”而又逾越“我”，

图 29 孝庄太后便服像

是“此在之可能”的整体存在的意义所在。反之,那些芸芸众生认为所当是、所能做、所操劳的东西，或者那些可由之载沉载浮的东西，留待他人解决。顾全大局，宽容大度，懂得适时在场，进退有礼，实乃孝庄的生存智慧。

这其中，世人若是学得一点，亦是受用终身。

说起来，孝庄没有妖媚蛊惑的风骨。

沧桑一生，让她越发有丰饶浑厚的余韵、洗尽铅华的沉静、大气坚韧的气度。

最是沧桑起风情。

她缔造一个帝国的神话，在自己的故事里。

我们在她的故事中，感叹一个女子的智慧。

历史很无情？不。

历史在往前走，但它把无情留了下来。

你闭上眼睛，倾听大海的声音，多少个世纪的波浪涌过，大地又绿了。

我们在此相遇——记董鄂妃

在清宫云集的后妃中，称为“传奇”的，董鄂妃当算一个。在追寻清宫那些非同凡响的女子时，我的笔触，首先靠近的不是孝庄，不是香妃，而是董鄂妃。

说起来她只是死后追封为孝献端敬皇后，她的绝色，定格在永远的22岁。那一年，她肤若凝脂，黛眉皓齿，似芙蓉出水，气韵动人。人们无法目睹一个女人容颜衰老的朽败，就会永远记住她青春时的绝代姿容。这样的说法多少有点悲凉。但对于顺治皇帝来说，他的一生遇到过成百上千个女人，并对其中的许多产生欲望，使他真正爱上的却只有一个，那就是董鄂妃。

顺治十七年（1660年）八月十九日，一代名妃、绝代佳人董鄂妃香消玉殒，病逝于东六宫之一的承乾宫。痴情天子顺治帝悲恸欲绝，四个月后，追随她而去。这场十六世纪紫禁城里发生的惊世骇俗的生死之恋，让人喟叹。

自古帝王身边，往往佳丽三千，百媚千红，顺治皇帝（图30）独钟情于董鄂妃一人。董鄂妃的身世、她与顺治帝的旷世情缘，以及顺治帝在她死后的出家之念，给世人留下太多话题。大凡这样的女子，总是被世人深深记住吧。人们感慨她们美貌的同时，哀叹她们过早凋零，凄艳而又决绝，如同风中玫瑰，尽情绽放，透支了青春、美貌和生命，任世人，空评说。

少年天子的隐忍之剑

崇德八年（1643年）八月，盛京皇宫中发生了一件大事：太宗皇帝在端坐中突然无疾而终！经过一番兵戎相持的较量，太宗皇太极第九子福临，在叔父摄政睿亲王多尔衮辅佐下继承帝位，改元顺治，并于顺治元年（1644

图 30　顺治帝

年）九月由沈阳进京，在紫禁城太和殿举行了登基大典，成为清朝入关后的第一位皇帝。

是月，紫禁城内，雕车竞驻于天街，宝马争驰于御路。顺治帝登上皇位，年仅六岁。据《清世祖实录》中记载，顺治帝福临出生时“红光照耀宫闱，闻经久不散香气弥漫数日”。福临在娘肚子里的时候，他的母亲孝庄文皇后，那时还只是庄妃，她特别喜欢穿绣金龙金凤的红缎长袍，每行走间，大大的肚子在长长的袍裾间波动不止，很有红光绕身、金龙盘旋的感觉。如此这般，似乎也只是为了说明，有的人注定生下来就是天子，权力的绝对主宰者，此乃天命。福临就是。

天命也好，人力也好，孤儿寡母，直达权力中心的道路上，依然荆棘丛生。政务纷繁，战乱四起，人们虽然有足够的耐心等待年幼的皇帝长大，但是，必须有个摄政王，必须依靠他稳定政局。

足智多谋而又独断专行的多尔衮开始完全掌控政局，他当上了皇叔父摄政王，再后来可能由于与孝庄之间有着无法说清楚的关系，直接当上了皇父摄政王。

我们可以想象，少年天子在忍气吞声的七年里，一直渴望着权力在握，长剑出鞘，剑光凛冽，寒气逼人，观者如山色沮丧，天地为之低昂，天下为之肃然。顺治七年（1650年）十二月，多尔衮果然不负福临之愿，突然暴病，死在喀喇城，年仅39岁。

顺治八年正月，顺治帝亲政（图31），天下实至名归。他在太和殿举行亲政大典，接受诸王群臣朝贺，并颁恩诏大赦天下。他在庆贺典礼中表现出的自尊与自信，给所有的人以深刻印象。朝鲜使臣向他们的国主报告说：“清主年今十四，而坐殿上指挥诸将，旁若无人。”这种远远超过他年龄的成熟，令使臣十分惊异。

事实上，顺治帝多年来期待的，就是亲政的这一天。但是，以顺治帝多年来在多尔衮摄政下形成的猜疑与嫉恨，使他在对待死后的多尔衮这件事上，毫无避免地效仿了明朝万历皇帝之于首辅大臣张居正。

《清史稿》记载，多尔衮死后，顺治帝一开始是追封他为“成宗懋德修

图31 顺治帝手书“正大光明”匾

道广业定功安民立政诚敬义皇帝”，追封其元妃为“义皇后”。这一举措，出其不意，不能不说是很漂亮的政治手段。

以顺治帝当时之气量，不可能有此政治智慧。想必此举是受了孝庄的点拨，暂时安抚了多尔衮的死党，又为顺治帝亲政争取了相对平静的政治环境。要知道多尔衮在突然薨逝前，已经以皇父摄政王的头衔代天行政了两年，甚至从顺治元年开始没多久他就已经是实际上的皇帝，经过多年的培育，党羽众多，盘根错节地分布在政府、军队之中，八旗在他手中就占了一大半。这种势力不是一朝一夕间能瓦解的。

世人称此举措乃孝庄之为，并赞其曰：“先是忍人所不能忍，然后狠人所不能狠。”不无来由。但是，以顺治帝之少年意气，忍此一时，绝无法忍多时。

说起来，顺治皇帝与万历皇帝有许多相似之处。

万历皇帝是十岁即位，比顺治皇帝大了四岁，但啥事也不懂，一切军政大事均由张居正主持裁决。张居正当国十年，如同多尔衮，实为摄政。

《明史》称：“于是帝甚惮居正。及帝渐长，心厌之。”万历帝一开始也是尊重与害怕张居正的，就像顺治帝，在多尔衮的摄政下战战兢兢，大气也不敢喘。万历帝称张居正为“元辅张先生”，但是张居正所揽之权，是万历帝的大权，小皇帝一开始懵懵懂懂巴不得有人帮自己做事，但以他的早熟和敏感，不会不曾意识到张居正威权震主的压力，也不能不想一逞早日亲操政柄的威风。

这种感觉，顺治帝感同身受。顺治帝深深理解万历帝的作为，哪怕张居正早在内阁混斗、自己政治生命岌岌不保的时候，写过一偈以表忠心，“愿以深心奉尘刹，不予自身求利益”，万历帝仍然把自己的报复之剑伸向死后的张居正，抄家，削尽其宫秩，追夺生前所赐玺书、四代诰命，以罪状示天下。家属饿死的饿死，流放的流放。世上再无张居正，一代能相之家落得如此下场。这让顺治帝大为称快。

但是以顺治帝在顺治七年（1650年）的处境来看，他这个皇帝其实势单力薄，他急需找寻一股势力来支持他，然后才谈得上清算多尔衮。

顺治八年二月，机会终于来临，多尔衮尸骨未寒，顺治帝就宣布多尔衮十大罪状。随之而来的，是抄家，罢其封爵，诛其党羽，不仅如此，据传教士卫匡国的《鞑靼战记》记载，多尔衮的坟墓被挖，抛尸荒野，鞭尸割头，身首异地。

这只能说，渴望权力的少年天子，比任何人都要渴望享受权力带来的绝对的征服欲与快感。一旦置于权力的中间，他的空间性从来没有这么大过，也从来没有更长的尺度能够衡量可以任他支配的万物苍生。当一种想法即将付诸现实，如同在地平线上升起，心灵的温度通常很低。顺治帝对多尔衮有着刻骨的仇恨，他的恨如此彻底，除了他忍声吞气的七年，还因为他要力证，顺治皇朝的真正开始。

只是，就是这样的一位少年天子，你怎能想到董鄂妃去世后，他万念俱灰，看破红尘，弃江山社稷如敝屣，执意要出家为僧，他是历史上罕见的痴情皇帝。

英雄与美人，常为传奇的角色。世人皆知的四大美人，她们都得到帝王之宠爱，只是她们都未曾得到真爱。就像唐玄宗与杨贵妃，据说唐玄宗也是深爱杨贵妃的，“一骑红尘妃子笑”，但是一场安史之乱，为了保住皇位，还是同意叛军赐杨贵妃于死。中国几千年的历史上，顺治皇帝无疑是个异端，他当然可称为真正拥有过爱情的帝王。

人类只有情感，始是人生。英雄的强力，印在美人心上，便有着美的沉醉与情的动荡，反射出异样的光彩。从这点讲，顺治帝与董鄂妃，都是传奇。

这还不是董鄂妃惊艳登场的时候。我们的叙述，必须展开那宏伟的历史篇章，解读顺治皇帝的权力意志，那么，现在，我们还得从顺治帝的博尔济吉特皇后说起。

这不是我要的女子

说起来，顺治帝的这位新娘是孝庄文皇后的侄女、顺治帝的表妹，蒙古科尔沁部卓礼克图亲王吴克善之女。吴克善是谁，他是孝庄的亲哥哥。而满蒙联姻，又是清初的基本国策。这桩婚事在顺治帝亲政的第五天确定，它的初衷，就是为了稳定政治局面。当然，这种效果是明显的。最起码，一个有了家室的皇上，更有了亲政的理由和信服力，而满蒙联姻，遵循先祖章法，必然能获得政治上的长治久安。

我们再看这桩婚姻，照理说，顺治帝与表妹一起生活，不求琴瑟相和，日子凑合着也能过。不管怎样，终归也是自己的表妹吧，哪有过不去的坎呢？

但据说这位蒙古小皇后从小娇生惯养，尖酸刻薄，常与顺治帝吵架。吵架其实没有什么内在意义，也谈不上有什么逻辑意义。它只是一种奢侈，吃饱了没事做了，像一场放纵的性冲动，去留无迹。

想当初，陈阿娇就是这样整天对汉武帝发脾气，有事无事先吵上几句，汉武帝受不了，顺治帝当然也受不了。

顺治帝在《端敬皇后行状》（图 32）中言及自己先前所废之皇后，先赞其“容止足称佳丽，亦极巧慧”，小表妹看来样子是漂亮的，同时也心灵手巧，但是，“乃处心弗端且嫉甚，见容少妍者，即憎恶欲置之死。虽朕举动，靡不猜防。朕故别居，不与接见”。好看是好看，只是心眼小，猜疑，嫉恨，皇帝连见都不想见她。

种种不是，堪称废后之理由。这话或许有真实性，但是，我想，更重要的原因，倒不是表妹皇后有多少不是，而是在顺治看来，这人生实在是

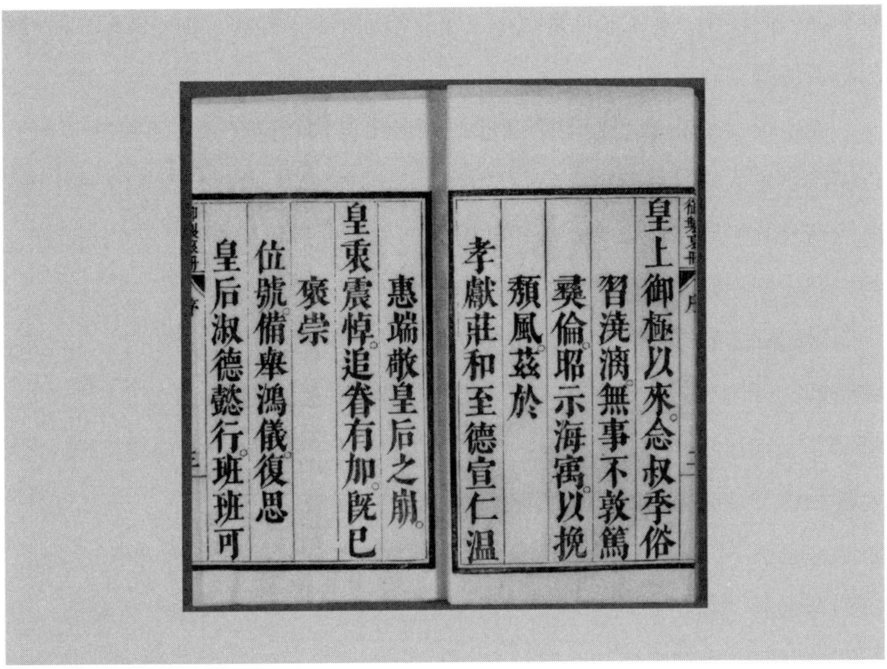
皇上御極以來念叔季俗
習澆漓無事不敦篤
彝倫昭示海寓以挽
頹風茲於
孝獻莊和至德宣仁溫
惠端敬皇后之崩
皇衷震悼追眷有加既已
褒崇
位號備舉鴻儀復思
皇后淑德懿行班班可

图 32　顺治帝为董鄂氏撰写的《御制行状》

乏味透了，不仅乏味，而且有失自尊。皇位是母亲帮他搞来的，老婆是母亲定的，那么，一代帝王的独立尊严，以及自由意志，又在哪里?

任何与自由的渴望与接近都会唤醒青春期的焦虑与决绝。顺治帝的叛逆时代终于来临。那年他17岁。他对母亲孝庄文皇后说:“我不要小表妹了，废了她！”言下之意是,我不要包办婚姻,我是个皇帝,我自己的婚事自己来。

我们可以想象当时孝庄的心情。这位中国历史上的伟大女性，第一次面对儿子如此执拗而又顽强的抵抗。儿子大了，当然不由娘了。更何况，他已经在权力的中心占据无可撼动的至尊地位。当他把主宰与决断的欲望直指他自己的婚姻时，一辈子经历多少惊心动魄场面的孝庄，暂时遂了他的意，败下阵来。

其实，这只是孝庄的一种行事方式。能退能进。你要求废皇后，好，我们就废了皇后。小表妹博尔济吉特皇后降为静妃。

但是，孝庄家有多少的博尔济吉特氏啊。废了一个，其他的如同雨后春笋而来。转年，孝庄又从娘家接来了三位侄孙女，并将其中一位绰尔济·博尔济吉特册立为新皇后。

当小侄女皇后站在顺治帝面前，顺治帝仿佛看到了生生不息的博尔济吉特部落，人生就是这样，费尽周折，只不过兜了一个圈，又兜了一个圈。顺治帝开始绝望了。原来，无论他怎么努力，他的爱情都是别人搭好的台，他只要出席就好。

说起来，顺治帝一生共有两后（图33）、15妃，生有8个儿子。用当时在清廷的外国传教士汤若望的话来说，顺治帝是“性欲本来就是很强烈的皇帝”。汤若望记述，少年福临“和一切满洲人一个样，而肉感肉欲的性癖尤其发达”，结婚之后，“人们仍听得到他在道德方面的过失”。

这也正常，少年天子，君临天下，妃嫔如云，一晌贪欢，从某种程度上说，权力是春药，它与性欲浑然天成。只是，他拥有一切，唯独没有爱情，没有任由自己主宰的婚姻。他日趋麻木的灵魂，与情欲纠缠在一起，空洞如纸，愈发虚无。

现在，他渴望有一个女子能引领他步入一个美妙的新世界，而这个人，必须是，我想起莎士比亚的《皆大欢喜》第三幕第五场的一句话：

深爱的恋人，有谁不是一见就钟情的呢？

好了。我们花了这么多的笔墨，都只是为了说明，我们的董鄂妃，总算可以以婀娜身姿款款登场了。

你好，爱情

那么，就从他们相遇的那一刻说起。

这样的场景注定要发生在春日，有那么一点点的冲动，那么一点点的美好，那么一点点的忧伤，以及那么一点点的欲罢不能，让你无法分清这是春日阳光的潋滟，还是内心层层柔美荡开的涟漪。

这是顺治十三年（1656年）的春日，春光注定妩媚，19岁的少年天子遇见了他命中注定要相遇的女子。我们无法形容董鄂妃的18岁的容颜，所

图 33　顺治帝的第二位皇后——孝惠章皇后朝服像

有的美艳与绝色都只是后人的想象。就如同，我们都会认为，男女相识的最初，女子若有惊艳之美，更容易让对方一见钟情。

那么，能让一代天子痴情至此的董鄂妃到底有多美呢？这其实是个谜。清代存有许多嫔妃的画像，唯独没有董鄂妃的。

更奇怪的是，顺治皇帝本人擅长绘画，尤其擅长人物速写，无论如何，给自己心爱的人画张画，让自己留个念想，也是合乎常理的事。可是，也许是经久失传，或者是其他原因，偏偏没有董鄂妃的画像流传下来。

或许她貌美如仙，顺治帝不忍与人分享她的美丽。

或许，据《李朝实录》记载，董鄂妃长得一般，不甚美。

如果真是如此，那她定有别样过人之处。就如贾宝玉初见林黛玉，“细看形容，与众各别”，宝玉从小在脂粉堆里长大，他的妹妹那么多，但是这个妹妹看起来与别的妹妹不一样：“态生两靥之愁，娇袭一身之病。泪光点点，娇喘微微。”这就是黛玉的各别之处了。

那么，董鄂妃究竟有着怎样诱人的魅力呢。

关于这一点，顺治帝在《端敬皇后行状》中曾下过“婉静”二字的按语。这“婉”字，根据《集韵》，意思是妩媚。

这是个很特别的词语，《旧唐书》中赞杨贵妃的美貌，用的是“姿色冠代”；《晋书》中赞安乐公主，用的是“有殊色”；《宋书》中写南朝宋文帝的妃嫔路惠男，直接一句“以色貌选入后宫”，倒也让后人少了几分猜想。

而用“妩媚“来定义董鄂妃的姿容，多少让我们想到了“回头一笑百媚生，六宫粉黛无颜色”的诗句。“妩媚”不是“美艳”。董鄂妃款款而来，白衣胜雪，及腰的长发披拂着氤氲的月光，婀娜妩媚，轻移莲步，风姿楚楚，似有烟霞轻笼，当真非尘世中人。

我们知道，顺治帝家的蒙古女子，纵使国色天香，多少也有飒爽英姿，甚或剽悍泼辣。至于塞外的满洲女子，刚健婀娜的很多，也很少有称得上“妩媚“的。董鄂妃容色绚烂，身姿婀娜，嫣然一笑，风情万种，一下子击中了顺治帝内心的最柔软处，那一瞬间，顺治帝的内心流淌着春天的溪流，清澈而又欢快。

有的人一生，与刹那有缘。顺治帝就是。无论如何，我们知道，顺治帝的爱情终于来了。

顺治帝当然要找孝庄。他说："母亲，我喜欢这个女人，我要立她为妃。"

这一句话，石破天惊。

如果说以前顺治帝要废小表妹皇后，孝庄能够从谏如流，那是因为她心里是有底数的。无论如何，她们蒙古族博尔济吉特氏是经得起折腾的。但是现在，这个真的不行。孝庄甚至有点惊慌，她千言万语，一时不知如何说是好，只好嗫嚅着反复强调："不能乱来啊。这回说啥也没用。这个女人不是你的。"

这又不是立董鄂妃为皇后，何必如此阻挠？

那么，董鄂妃是谁？

关于最初的开始与似已确定的答案

让我们走近这意欲撩开面纱却又始终是个谜团的董鄂妃。

在清代官方的记载中，对董鄂氏入宫前的身世一直讳莫如深。《清史稿·后妃传》有这样一段记述："栋鄂氏，内大臣鄂硕女。年十八入侍，上眷之特厚，宠冠后宫。"

然而，这段文字带给我们的困惑，不亚于它所传递的信息。

其一，栋鄂氏，是否就是董鄂氏，即董鄂妃？这个答案的前提要建立在董鄂妃是否真是鄂硕的女儿。如果是，那么她是满洲正白旗下的名门淑女。董鄂是满洲的一个古老而典型的姓氏，董鄂氏，或作栋鄂氏，"董"是满语译音，"董"又作"栋"，"董鄂"又作"栋鄂""东果"，不一而足。

名门淑女，这个身世似乎太过正统，总觉得似乎缺少了点什么，似乎就是那妖娆的气息，还有大风扬起，突然掠过沙丘的那种纷繁与迷离。

后人不满足于将这样一个庸常的出身冠之于传奇的董鄂妃。于是，流传最多的是，董鄂妃就是秦淮名妓董小宛。

你想想看，一个被帝王称之为"妩媚"的女子，若不是有江南灵秀山水的滋养，又怎能风姿绰约，勾人心魄？更何况，董小宛与董鄂妃，既然都姓董，两个人又都是倾国倾城的绝色佳人，并不是风马牛不相及。

在《清宫演义》《清宫十三朝》中，都有这样的传闻。《清朝野史大观》中，更是有详尽记载：董妃即冒辟疆之妾，秦淮名妓董小宛，于明弘光末年，被掠到北京，入宫后，赐姓董鄂氏，专宠于皇帝。此段说法未见正史。

我们知道历史上董小宛是确有其人的，生于明朝天启四年（1624），她同柳如是、陈圆圆等并称为“秦淮八艳”，后来，位居“江南四大公子”之一的冒辟疆以三千两银子替董小宛赎身，董小宛就此嫁于冒辟疆为妾。清军南下，战乱纷纷，董小宛四处逃亡，颠沛流离，1651年去世，年仅28岁。当时，文人墨客纷纷写诗词以悼之，应该说，她死亡的时间是没有异议的。

那么，董小宛是否如野史所说的掠到宫中为顺治帝所宠，我们寻找另一个切入点，那就是年龄。1651年，即顺治八年，少年天子才14岁，董小宛已经28岁，而且离开了人世。因此董小宛即董鄂氏之说是不成立的。

其二，“年十八入侍，上眷之特厚，宠冠后宫。”根据清朝秀女遴选的制度，超过16岁便称“逾岁”，这些秀女的年龄限制是13岁到16岁。从董鄂妃的入宫年龄来看，年已18，应该不是通过正常的渠道进入皇宫的。于是，这个“年十八入侍”引发人无数的遐想。

最常见的说法是《汤若望传》中的一段回忆，说的是顺治皇帝对于一位满籍军人之夫人，起了一种火热爱恋。当这一位军人因此申斥他的夫人时，他竟被有所闻知的天子亲手打了一个极怪异的耳掴。这位军人于是乃怨愤致死，或许竟是自杀而死。皇帝遂将这位军人的未亡人收入宫中，封为贵妃。

这世界是小的。我们寻找蛛丝马迹，似乎还能找到些许信息。关于这位满籍军人，更多的可能就是顺治的弟弟襄亲王。襄亲王是清太宗皇太极的十一子，经常出征沙场，如果董鄂妃是爱他的，那么，他定然会像《伟大的齐诺比亚》一剧中德西斯对齐诺比亚所说的：

天啊！你是爱我的吗？

那我宁愿放弃千万场胜仗，

我马上回来……

事实是，董鄂妃真心地爱上了他的皇兄。这种机缘，也源于清初所设的命妇轮番入侍后妃的制度，按照这个规定，王爷们的福晋要进宫入侍。由此，董鄂妃得以遇见顺治，于是有了最初的相识，以及随之而来的“火热爱恋”。

我们刚才说过，顺治去找孝庄想要册立董鄂氏为妃，孝庄头都大了。怎么这么乱来呢。这可是你自己兄弟的老婆。

我们注意到历史上有这样一个细节，孝庄皇太后在顺治十一年(1654年)四月初五颁布了懿命，以“严上下之体，杜绝嫌疑”为由，停止实施这个命妇入侍制度。

再说襄亲王。世上哪有不透风的墙呢？襄亲王听到传闻，披星戴月，连夜快马奔回家，对着自己的老婆董鄂妃就一阵骂。顺治帝得到密报，说襄亲王回来要申斥他的夫人，连忙奔赴他家，正好目睹此番情景，当即一个巴掌掴在了襄亲王脸上。

都说兄弟如手足，女人如衣裳，可怜堂堂襄亲王，他无法想通他的皇兄顺治帝居然情愿割了手足，也不愿换了这件衣裳。

这是不可思议的一巴掌。屈辱、绝望，顷刻导致这个年仅16岁的皇十一子于死地。

有关顺治帝的这点家事,《清史稿》记载:“秋七月丁未朔,享太庙。戊申,官军败明桂王将龙韬于广西，战之。乙酉，和硕襄亲王博穆博果尔薨。”

顺治朝实录也的确留下了耐人寻味的文字：襄亲王博穆博果尔在顺治十三年七月初三去世，七月初九“礼部择吉于八月十九日册妃，上以和硕襄亲王薨逝，不忍举行……”。似乎急不可耐地想要将董鄂妃收入宫中册立为妃，又终究内疚。

难以摆脱的负罪感与情投意合的愉悦纠缠在一起，实在矛盾。

事已至此，孝庄也只能长叹一声，遂了他的愿吧。

以柔韧之力步入他时代

曹雪芹说写《红楼梦》，是在“伤怀日，寂寥时，试遣愚衷”，这部旷世巨作就此留下。

有谁能说，邂逅一场真爱，它的意义对于自己的人生，不啻写下一部传世之作？

我们再回到那似乎是荣耀却又忧伤痛苦交集的一日。

那是顺治十三年八月，鸾凤翔集，丝篁鼎沸，夜深遥闻笙竽之声，宛若云外。董鄂妃册立为贤妃，她一身玄衣，凝眉处，自有万种风情。

想当初，她以襄亲王福晋董鄂氏的身份入宫侍奉。一年后，19岁的她走入宫中，丈夫已经去世，自己却已贵为妃子。

人生的变数如此难以名状，作为一个被权势男人爱着的女子，她又如何能够左右这种事态的发展？

“还君明珠双泪垂，恨不相逢未嫁时”。这样的女子，最起码都能保全自己的名分，苟且眼前的岁月静好，把痛苦留存心底吧。她何尝不想如此。

但是，现在她被他爱的人引领到了舞台的中间，那一刻，灯光亮起，所有的目光都聚焦在她娇弱的身上。你可以读到那些人脸上的复杂表情，质疑、不满、妒忌，还有无奈。

这注定不是充满欲望与野心的生活。一切与她无关。

她只是深爱着这个男人，因他而走到这一步，但这其中，处处设局，阴谋与嫉恨交织，这不是她要的生活。

至于此时的顺治皇帝，没有什么能抑制他终于能够与她厮守的满心欢喜。

当一个人历尽恩仇爱怨，重新为一个人守身如玉，他似乎下定决心，要给这个生命中最心爱的女子以所有他能给的礼遇。

册妃后没几天，董鄂妃晋封为皇贵妃，地位仅次于皇后。

四个月后，十二月初六，顺治帝举行隆重的皇贵妃册封礼，并且大赦天下，诏书中称：“赞理得人，群情悦豫”。

这份册立董鄂妃为皇贵妃的《诏书》，如今保存在中国第一历史档案馆中。按常规，皇帝只有在册立皇后的大礼上，才会颁布诏书公告天下，也不会因册立皇贵妃而大赦天下。董鄂妃享受到这种特殊礼遇，堪称大清王朝近三百年历史上绝无仅有。

他对她如此深情，可谓“长信宫中，三千第一”“昭阳殿里，八百无双”，真是六宫无色、专宠一身。

他看着她，什么也不说，什么也不想，无限的爱从他的心灵深处涌出。

他屏住呼吸，灵魂深处，飘来一朵洁白的莲，清香四溢。

他的情感如此炽热，所有的过往都是浮云，他像一个经历初恋的男孩，站在心爱的女人面前，纯粹、真挚，充满欢喜。

当然，在他面前，纵使有几多伤心，她的心情也会变得柔软，生出许多旖旎的情绪。

但这些，都仅仅是这场爱情的必要条件。与沉重繁复的生活相比，爱情不是所有，却不能不有。一旦走进婚姻的内核，所有的你情我愿、你侬我侬、风花雪月，都只是夏日大地上点点绽放的不知名的小花，而不能成为大地本身。

婚姻幸福的前提，后世的哲人告诉我们许多。

在叔本华看来，大凡恋爱结婚，结局都是不幸的，反倒是那种由双方家长安排，以实利为目的的所谓“便利婚姻”，往往比爱情的结合幸福些；而男女能够因为爱情和现实的结合，携手并进，步入婚姻，这便是一种罕有的幸运。

我们想，如果顺治帝与董鄂妃的婚姻，是由孝庄钦定，情况可能完全不同。顺治帝不会如此孤独地奋战，挑战皇太后的绝对权威，而董鄂妃也不会四面受敌，在嫉恨与冷眼中，与顺治帝辛苦地继续这场不被祝福的婚姻，并努力使这桩恋爱结婚成为“罕有的幸运”。

毕竟，董鄂妃的身份，以及顺治帝的宠爱之名，使她一入宫就陷入一个弱势两难的境地。

在别人看来，她一女侍二夫，竟得皇帝宠爱，实在是不合逻辑之事。

她出身满洲世家，这让极力主张满蒙联姻，为维护和巩固博尔济吉特氏在清廷后宫中的尊崇地位而殚精竭虑的孝庄太后尴尬与头痛不已。再说，她几个月时间直抵皇贵妃，仅在皇后之下，这让六宫粉黛情何以堪。

而另一方面，顺治帝的爱已经成为董鄂妃生命中不能承受之重，她品尝着爱情这杯芳香四溢的酒中之酒，却又不得不生活在弥漫着妒忌与钩心斗角的后宫，四处受敌，心力交瘁。

她手中无剑，心中更无剑，以柔韧之力，小心维系她与顺治帝的爱情。殊不知，这一切如同这场爱情，唯美而凄婉。那么多人在围观，等着出击，等着破碎。

她的内心，肯定是很疲惫不堪吧。

她的心境，是幽深的夜色，载着伤痕，放逐在沉沉暮霭中。

她不知道，她的幸与不幸，都刚刚开始。

但是，这一切，都无力阻挡她，赴汤蹈火般投入这场旷世之恋中。

爱有多销魂

一场爱情中，性爱有着不可或缺的位置，有时，它甚至就是这个世界真正的世袭君主，驾驭着爱情，藐视一切。对于自由的心灵而言，灵与肉的结合，才是生命的馈赠。这是一种天真与自由，当然也是，未来时光能够给予现在的，深深的感激。

“与有情人，做快乐事，管它是劫是缘”。谁说不是呢?

与自己深爱的女人在一起，周围突然安静下来，那绕指柔间的一缕沉香，无穴不入地弥漫在精神与肉体的内核中，无从自拔，无力阻挡。那一刻，他忘了自己是谁，只知道，在她面前，他能成为她的谁。

快感像一阵忧伤一样，穿透彼此带电的肉体。

他的内心无比简单与纯净，年少时的那些猜疑与争斗，以及随之而来的愿望、欺骗、遗忘、享受、毁灭、短暂，都已微不足道。拥有她，哪怕万劫不复，人生已经足够。

男女之间如果仅凭一见钟情，感情的维系是苍白的。长久的婚姻，需要一个女子有才、情、趣，还应有通达明理的大气。如此，才值得他珍惜。

我们来看董鄂妃。她天资聪慧，饱读《四书》及《易》，专心研习禅学，精通书法，才情四溢。

她先前不曾信奉佛教，后来因顺治帝之喜好而喜好，听他阐释《心经》，虔心向佛。

在生活中，她亲自安排顺治帝的饮食，体贴入微，让我们想到一句话：青春貌美有啥用，在一碗粥面前都是浮云。

她衣着朴素，从不佩玉鸣銮，连簪子耳饰，用的也是骨头兽角，这种美洗净铅华。

他"偶免视朝"，她则谏"愿陛下毋以倦勤罢"，唯恐落下"君王从此不上朝"的指责，顺治皇帝再不敢怠慢国事。

他让她一同阅奏折时，陪坐在一边的她则起身谢道"岂敢以女子干国政"。甚而，她担心父亲会依仗皇贵妃父亲的身份在外面招摇生事，父亲去世后，她的"今已亡，妾衷愈安"的理智，甚至不近人情。

佛经中云：由爱故生忧，由爱故生怖，若离于爱者，无忧亦无怖。为了他，她对自己的言行慎之又慎，她的神经总是绷得很紧，她以为她苦心做到的能缓释人们对她的嫉恨。可是，并非如此。

这不是她所能做到的。

在与强力的抗衡以及内心的煎熬与挣扎中，爱情总是遗世独立，孤独地寻找它的安身之所。"死生契阔，与子相悦；执子之手，与子偕老"，在充满政治斗争的后宫，这只是个天真的梦想。

顺治十四年（1657年）十月初七，董鄂妃生下皇子，这是她与顺治帝爱情的结晶。顺治帝掩饰不住内心的喜悦，将这位排行第四的皇子称为"朕第一子"，并欲立其为皇太子。我们可想而知孝庄的不满。没过几天，孝庄便以自己身体欠安为由，传下口谕令董鄂妃前往南苑伺候她。十一月四日，刚刚生产还未满月的董鄂妃拖着产后虚弱的身体赶到南苑，在太后榻前不辞辛劳，日夜侍奉，她的健康受到严重影响。

可惜，福薄命舛的皇四子只活了短短的104天，就突然夭折，对于一个母亲来说，这更是毁灭性的打击。

可叹一代君王，也不能保护自己心爱的人。

顺治帝后来封百日婴儿为荣亲王，并为这个婴儿建造了一座园寝，但这些都不足以安慰一个母亲的丧子之痛。顺治十七年八月十九日，抱病三年的董鄂妃病逝于承乾宫，年仅 22岁。

这也是一种欢喜

让我们再追溯到这一刻，董鄂妃死时，“端坐呼佛号，嘘气而化”，平静离世。安宁、从容，像平时一样。她依然绝色，倾国倾城。她来世上，只为与他相遇。“一口气不来，向何处安身立命？”她的一缕香魂，又有谁与共，蝶越沧海，舞蹁跹？

困倦得无法再困倦。她再也无力。

她只能放下生命中所有的重负，告别自己深深眷恋的爱人。这是她生命中最为明净的秋天，恬静、从容、澄澈、简单。她终于可以停下自己的脚步，回望那个美丽的春日，他们相识的最初。那时，她年少，他未老。

她闭上了眼睛。她不忍看到他的伤悲。

抱病三年，“容瘁身癯”，她知道自己面容憔悴，弱柳扶风，病态恹恹，但是，只要她能活着，哪怕一息尚存，放下天地，他都愿意。这份爱，刻骨铭心，纯净至绝，与美貌无关，与情欲无关。

或许，一开始也是为了情欲。情欲也只是为了抵达她的内心。

但现在，谁能说温柔的怜惜，不是更深的爱？

董鄂妃的离世，对于顺治帝来说，无疑也是毁灭性的打击。汤若望回忆，“皇帝陡为哀痛所致，竟敢寻死觅活，不顾一切”。孝庄皇太后不得不派人昼夜看守，使他不得自杀。但是，少年天子很快冷静下来，并以超常规格的丧礼，表达对董鄂妃的哀悼。

他先是追封董鄂妃为“孝献庄和至德宣仁温惠端敬皇后”，让她极尽哀荣。他亲自动笔，为她撰写《端敬皇后行状》，行文朴素真挚，让她的洁品贤德、嘉言懿行，留存青史。他在户部资金极为短缺的情况下，在景山建水陆道场，大办丧事。他欲将太监、宫女30名悉行赐死，“免得皇妃在其他世界中缺乏服侍者”，后被劝阻。他命举国服丧，大臣一月，百姓三天，从满洲入关后，朝廷还没有举行过如此隆重的葬礼。

然而，如此种种，都无法释缓他内心无尽的哀思。

顺治十七年（1660 年），在办完董鄂妃的丧事以后，顺治皇帝请茆溪和尚为自己剃度。孝庄心急如焚，请茆溪和尚的师父玉林通琇火速进京劝阻此事。玉林通琇一面于十月十五日赴皇城西苑万善殿劝阻顺治帝出家为僧，一面聚集徒众，声言茆溪和尚如果为顺治皇帝剃度，就要烧死茆溪和尚。百般劝阻之下，顺治帝只得打消出家念头。

第二年正月初七日，顺治皇帝万念俱灰，疲病交加，因天花崩于养心殿，时年24岁。此时距董鄂妃去世，仅仅四个月。

后世传闻顺治帝并没有死，而是上五台山做僧人了（图 34）。传闻而已，未见正史。

图 34　五台山清凉寺，传说顺治皇帝出家于此。

黄仁宇在《中国大历史》中，这样描述顺治帝：顺治帝宗教思想浓厚，他既受耶稣会教士汤若望的影响，也对佛教极感兴趣。史载，顺治帝曾取法名“行痴”、法号“痴道人”，僧人玉林通琇曾赞其为：“佛心天子。”他是清朝历史上最为崇奉佛教的皇帝。

身为王子的释迦牟尼在29岁时，感到了无聊。他对酒、财富、王国、女人都感到无聊，他把一切都看透了，创建了佛教。

顺治帝曾励精图治，意欲安邦定国，但在董鄂妃死后，他所有权力意志都已消散，只求剃度，遁入佛门。

想人间婆娑，全无着落。看万般红紫，过眼成灰。

所谓的“不俗即仙骨，多情乃佛心”，说的也便是如此吧。

只是，阳光明媚，岁月静好，我就在这里，你又怎么可以不在场？

他忆起她细碎而又柔和的气息，可以长眠其中的她的发丝里的清香，那凝眸时的怦然心动，那温婉如水的柔情，每每醒来，泪水打湿了枕头。他半夜起笔，书写了一首《春梦》，赠给远在江南的禅师：

“洞房昨夜春风起，遥忆美人湘江水。枕上片时春梦中，行尽江南数千里。”

对顺治帝来说，“江南”是他遥不可及的梦想，是寄托情思的地方。江南的诗意、柔美，一如他的董鄂妃。他人生中紧紧眷恋的那部分都是与她在一起，如今她已离开，他的心，又能安放到何处？

或许，每个中国文人心中，都有一个属于自己内心的“江南”梦吧。想那一代帝王，也只有在这个辽阔而又绵远的文学意象中，“行尽江南数千里”，安放他的不尽情思，让人悲叹。

如果他不是帝王，她也出身寻常人家，一间小屋、半壶清茶、几本书籍，琴瑟相和，心灵相通，执子之手，相伴一生。最好的人生，莫过于此。最好的爱情，也就如此。

一个宠冠后宫却红颜薄命，一个弃江山社稷而生死相随。

天地如逆旅，过客匆匆。我奔赴这千年的邀约而来，只为途中与你相见，这就是欢喜。

不了了之的一生——记乌雅氏

题记：无论你怎样描述生活，都不会比生活本身更加曲折和离奇。

壹

心事如波涛。

中坐时时惊。

贰

康熙六十一年（1722 年）十一月十三日。连续的雨雪天气，刚稍停歇，一线阳光蓦然穿越雨云密布的天空偶尔显露的罅隙，在永和宫龙凤和玺彩画的檐下不期然地掠过。不多时，天又阴沉下来，疾风在单翘单昂五踩斗栱下呼啸，天气又将变得更加恶劣。

乌雅氏已经记不清，自皇十四子胤禵出征西北，自己是多少次守在佛堂前，祈祷儿子的平安。

《地藏菩萨本愿经》有云，“心如大地，能安一切”。事实上，每念及此，乌雅氏都被一种巨大的不安所笼罩。

身在宫中多年，作为康熙（图 35）宠幸的后妃，乌雅氏明白储位争夺的残酷。早在康熙五十一年（1713 年）九月，康熙第二次废黜嫡子胤礽后，皇子们争夺皇位的斗争就已经公开化，并迅速如火如荼。其中刀光剑影，血腥厮杀，无可避免；杀机四伏、惊心动魄、扑朔迷离，也是储位争夺中必然的铺垫。而胤礽的两次废立，更是步步惊心。只是，让她想不到的是，皇四子胤禛竟然成了皇十四子胤禵储位竞争最强大的对手。

图 35 佚名《康熙帝读书像》轴

尽管都是亲生之子，乌雅氏更喜欢皇十四子胤禵。谁都看得出来。这种喜欢不言而喻，是从心里透出的明亮饱满的母性。有时候，母亲与儿子的感情，也是一种缘分，极深的缘分，说血缘的缘故都显得太轻巧。

乌雅氏认定胤禵是最应该登上皇位的，这个念头，在胤礽被废太子后，开始的。欲念一旦产生，她再也无法宁静下来。

康熙五十七年（1718 年）春，西北战火再燃，皇十四子胤禵以其果敢与军事能力，成为康熙帝委以重任的不二人选。这年十二月，胤禵在太和殿接受康熙敕印，并以抚远大将军一职征伐新疆和西藏之乱。这曾是废太子胤礽密谋的职位，也是包括胤禛在内的诸皇子们期望得到的。而这场由两个亲生儿子之间点燃的争夺战，也开始剑拔弩张，一切似乎风平浪静，却早已杀机四伏。

什么是幸福？对母亲来说，幸福其实很简单，就是生活中不必时时担心。

如何才能宽慰与安宁？宗教有时也可以说是一种勉强的努力，用以解释那些不可解释的事物，满足那些不可满足的热望。生活的残酷种种，没有足够强大的体量，难以消缓此种情绪。

更何况，如果说往常的担忧来自她似乎目睹西北大漠苍茫广袤的战场上的血腥厮杀，那么，这一天，所有的担忧都直指最本质的问题，那就是，谁来继承皇权。

三月，康熙到了皇四子胤禛的邸园饮酒赏花，命将其子弘历养育宫中；十月，命其视察仓储；十一月，命其到天坛代行祭天大典。如此信赖，绝非寻常。乌雅氏突然觉得，自己的预感正在应验。皇四子并非他自称的“天下第一闲人”。他的每一步，似是无心，实则都如棋盘上的棋子，尽在他的掌控之中。

十一月初七日，在南苑猎场的康熙帝不胜体力，回到畅春园。死亡向这位年老的帝王步步逼近。在皇太子胤礽两次被废后，理论上，每个皇子都有可能登上大位。

十一月十三日。无疑，这一天的主角是康熙。在他亲手策划的康熙朝长达十七年的储位斗争集中在了这一天，也结束在这一天。

这一天，最大的赢家是胤禛。45 岁的皇四子雍亲王胤禛在“九子夺嫡”中胜出即位，改元雍正。当他的同胞兄弟皇十四子胤禵从遥远的边疆抵达京城，在景山寿皇殿拜谒康熙灵柩，已是一个多月后的事情。胤禵见到自己的亲哥哥，不肯下跪，又终究认命，“寂然无声而跪”。那年冬天的寒冷，史册上的字，至今依然有朔风穿透骨髓的寒意。

雍正登极后，对自己的胞弟进行打压与囚禁。《清史稿》载，“夏四月辛亥，大行梓宫奉安飨殿，命贝子胤禵留护。”他打发自己的亲弟弟去遵化清东陵康熙陵墓看坟头，此后，他又革除其郡王封号，降为贝子，半生囚禁。而对皇八子胤禩、皇九子胤禟，更是手法残忍，“削除宗籍”，分别将其更名为“阿其那”和“塞思黑”，满语就是“狗”和“猪”，两人都以“腹疾”卒于幽禁之地，野史传闻是被雍正所毒死。至于辅佐他上位的贵戚重臣年羹尧和隆科多，也都在雍正三年一个被严审赐死，另一个被永远禁锢。

乌雅氏不必目睹所有。

雍正元年（1723 年）五月二十三日丑刻，在经历雍正即位半年之久的煎熬，乌雅氏离世。从病到死，仅十几个小时。

叁

任何一种诱惑都是猫一般的轻盈。

康熙十二年（1673 年）正月。紫禁城还在过年的喜庆之中。纷纷扬扬的雪，在寻找与这座森然的宫殿之间，一个可行的过渡。

各旗新宫女在地安门内雁翅楼聚齐，然后进宫。似是春光葳蕤，观之不尽。却又各自凄惶，流转摇荡。

雪密集迅疾地下。巨大的宁静与虚无。这个凛冽与刺骨的北方冬日。

乌雅氏此刻正在这些选入宫的女子中。她的祖父曾任膳房总管，是服务皇室的包衣，不过是奴隶而已。比起宫中许多女子的身份，她连秀女都没有资格，而这些，似乎并没给她带来多少困扰。

她肤如凝脂，容貌俏丽，却又神情沉静。或许知道进入宫中，光艳随波，无非如此。而前行，走到与幸运萍水相逢的时刻。这其中，是天意，更多的，还有忍耐，与机心。

这一年，康熙帝十九岁。在干净利落清除鳌拜集团后，面对各拥重兵，久据数省，势成割据的三藩，康熙下令撤藩。是年，吴三桂即密谋叛清，长达八年的战火开始蔓延。

她端茶送水，又岂敢有一丝大意。美貌是一个动态的概念，世间绝色女子之多，它只是最初的诱惑，却未必是固宠与厮守的必然因素。

这个女孩落落大方，做事专注。她端上的茶，总有微妙之味，啜饮时，带着质朴与温良的气息，让人留神，打量她下。

宫中的日子，在拉得斜长的光与影中，流逝。天空是混沌的青色与黄色。清冷，寂寥。往日来到身边，无非是另一番想念。有一种欲念，正在慢慢积叠。

这年，赫舍里氏再度怀孕。皇后出身名门，作为辅政大臣索尼的孙女，索额图的亲侄女，赫舍里氏与玄烨的这桩婚姻尽管是政治联姻，两人却也恩爱非常。康熙四年（1665 年），13 岁的赫舍里氏册封为皇后。康熙八年（1669 年），赫舍里氏生下嫡子承祜。《康熙起居注》以“天性聪慧，上甚爱之”来注释康熙对嫡子的疼爱之情。但是承祜年方四岁，即染病早殇。

赫舍里氏在嫡子去世的悲痛中还未缓过来。她必须继续生育。

尽管有妃嫔之争，她始终是六宫之首。好的婚姻，用蒙田的说法，女人一旦品尝了婚姻的滋味，她不再愿意处于丈夫的情人或女伴的地位，当她作为妻子，与她所生育的孩子，在这个男人的感情上占据一定地位，无疑，她的地位是体面，稳固的。对于皇后来说，子嗣的意义绝非仅此。这是理智，更是本能，如此真实，不过是缘于女人一生的危机感。

康熙十三年（1674 年）五月初三日，初夏时节，蔷薇已经妩媚，在这个季节蒸腾氤氲，坤宁宫的空气中都有着淡淡的花香。一大早，宫女太监脚步匆匆，来来往往，隐隐地似乎有什么大事要发生。不多时，随着婴儿的啼哭声，所有的人都似乎松了一口气，皇后赫舍里氏第二子胤礽出生了。

可惜，这种喜悦只延续了两个小时。

《清史稿·圣祖本纪》记载，（十三年）五月丙寅，皇子胤礽生，皇后赫舍里氏崩。

两个小时后，皇后因难产去世，只有 21 岁。

多年后，当康熙痛下决心废掉皇太子胤礽，他痛哭流涕地数落着太子的罪状，其中一条便是“生而克母”，痛斥太子的不孝。这是后话。

这一天，坤宁宫的走廊，尽是深深浅浅的绿。

乌雅氏眼睛模糊。眼前的一切，都层层叠叠。这难道是每个人的命数？

肆

乌雅氏进入人们视线，始于史册上一行不足十五字的记载：康熙十七年十月丁酉，世宗生。（《清史稿列传·后妃》）

我们无从得知恩宠的缘起。皇四子胤禛的降生，母以子贵，是乌雅氏的荣耀之时。

后宫女子对自身的浮游性、无根性有着本能的敏感与清醒。传统宗法制一再提醒她们，必须生有子嗣，看不到这一点的后妃，很难有好结果。

康熙十八年（1679 年）正月，乌雅氏移居永和宫（图 36）。

这是东六宫中东排居中的宫院，为二进院，正门南向，基本保持着明初的建筑格局。冬日的阳光穿过黄琉璃瓦歇山式顶，形成一道绚烂的光柱，照在这个舒适别致的房间里。

乌雅氏一进来就喜欢这个小小的庭院。檀香似有似无的香气弥漫了整个庭院。有梅初开，枝条苍劲，花色艳丽柔媚，在寒意中流光溢彩。

但是，时常会这样，她一人坐着，恍惚听到皇四子胤禛的哭声。待到惊慌地循声过去，突然清醒。他出生不满十天，已由乌雅氏之子转为佟佳氏养子，如今交由佟佳氏抚养。

后宫中的皇子基本上都是交给皇室的家奴或者交给生母以外的妃嫔代为养育的，尤其是身份卑微的宫女所生之子，更是无可非议。

一切无非是考验、惩罚或补偿。她比谁都明白，胤禛能留在宫中，交由此时已以副后身份摄六宫事的贵妃佟佳氏抚养，这也是康熙皇帝的良苦

图 36 永和门

用心。

这种制度事实上历代都有延续。《宋史》记载，宋仁宗是“真宗第六子，母李宸妃也”，由于“章献皇后无子，取为己子养之”。如此，章献皇后在生活上像母亲一样照顾其长大，在仁宗从政后为其在政治上撑起了保护伞。

可是，毕竟是亲生之子，胤禛过继，她必须忍受这种内心被抽离的苦痛。

无法说清这种感觉。所谓“子以母显”，身份卑微的母亲的希望与痛苦，可想而知。

皇四子胤禛也在渐渐长大。从有记忆起，佟佳氏总是陪伴着自己，他开口的第一声母亲，是对佟佳氏的呼唤。当他懂事后，知道自己的亲生母亲就住在永和宫，身份卑微得连养儿子也不够格，他开始明白自己的身份。

许多时候，他在刻意地回避与她的见面。尽管有请安或祝寿等固定的见面时间，但是，年满六岁后，他得以入南书房读书，课程除了满文、汉文、蒙古文及儒家的经史书籍外，还有军事、体育。每天五鼓，天还没亮就进书房学习，上午学文，下午习武，直到太阳落山，母子间似乎更无法亲近。或者说，在当时胤禛的眼中，养母佟佳氏更应该是自己的母亲。

胞弟胤祚六岁夭折，养母佟佳氏带着他去看望生母。生母哭成什么似的。他的内心似乎也正酝酿着风暴——一种被淹没，被吞没的感觉。他走了上去，她也伸出手来，似乎想要抱下他。但是，什么都没有发生。

乌雅氏真切地看到了站在养母佟佳氏身边的自己的儿子——皇四子胤禛此时的神情。客气、疏离、隔膜，旋即，他讨好地看着佟佳氏，小手紧紧攥着佟佳氏的衣服，乖巧，恭敬，离开了。

伍

马佳氏，美艳当属康熙早期妃嫔之首。

乌雅氏入宫后，每每听人说起马佳氏，说的人是说故事一样的心情，听的人却感同身受。

她应该是康熙帝喜欢的那一类女子。娇媚、明丽。康熙六年（1667 年），当她为康熙帝生下皇长子承瑞之时，她还是一个宫女。

康熙皇帝其时只有 14 岁。这是他的亲政之年。与权势日张，权倾朝野的鳌拜集团两年之久的斗争，也刚刚拉开帷幕。他的激越的情感，在帝国的基业面前，幻化为建功立业的豪情。或许，此时的他，也根本没有这些琐碎的心情，顾及一个女人的名分与荣耀。

从康熙十年到康熙十六年，几乎每年，马佳氏的肚子都会神奇地隆起，她就如同上了弦的生育的机器，无法消停。《清史稿》记载，“承瑞，为圣祖长子，四岁殇；赛音察浑，长华，长生皆殇；允祉为皇三子。女一，下嫁乌尔衮。”十年生育六个孩子，到最后，活下来的，只有一子一女。

日后，当乌雅氏在康熙十七年到康熙二十七年的十年之间，也是连生六个孩子，她似乎更能理解马佳氏的苦楚。如同中蛊，生育是她们的宿命，其中必须承受的，还有丧子之痛。

让人难以理解的是，康熙对马佳氏的宠幸，似乎仅限于康熙的临幸。长达十年的生育，马佳氏竟然连妃都不是。

妒忌、猜疑，疑惑，同情。马佳氏必须面对如此的目光与争议，这是她每日的课程。

一切都没有必然。也没有应该。这一切耐人寻味。

女子的貌体，是吸引人的重要元素。或者说，美貌作为存在的表象，它无时无刻不吸引着你。但是，起风了，湖面溶溶漾漾，粼粼波心，委实让人心动，风平浪静之后，寻常的景致依旧，寻常的心却很难。

康熙二十年（1681 年）十二月，康熙四妃册封仪式，荣妃马佳氏终于与宜妃郭络罗氏、惠妃纳喇氏、德妃乌雅氏一起，赫然在列。

对于马佳氏来说，所谓的妃子称号，只是对自己与别人有个交代而已。

她的盛年已经过去。现在是乌雅氏得宠的时候。

说起来，康熙大帝一生后妃云集，九妃连珠，八嫔临御，乌雅氏与马佳氏不过是其中的一个。

她们都拥有十年盛宠。回想起来，曾经的宠爱，若是有远山长，云山乱，晓山青的心境，终归也是可知足的。

而此刻的荣耀，并不意味着能庇护终身。

陆

康熙二十八年（1689 年），佟佳氏去世。

12 岁的胤禛回到生母身边。此时皇十四子胤禵才 2 岁。皇四子胤禛和自己的亲弟弟——皇十四子胤禵，相差十岁，除了必然的血缘联系，确实也没有特别的情感。

回到生母身边的胤禛分明地感到不适。“生恩不及养恩大”，这是他后来多次说的一句话。多年与生母的隔离，他已经无法由衷地表达自己的爱意。母亲，也总是神情寡淡。

他们是多么相似的人。都有疑虑，又各自从容。都有深情，却又执拗。

乌雅氏已经无暇顾及胤禛的想法，或者说，是不愿。她也敏感，知道他养母的地位尊贵，他不经意中流露出对养母的依赖与骄傲的表情，让她很不自在。他似乎很有主意，却又把自己包裹得很严，像洋葱，需要层层拨开才见它的内里。她没有这个耐心。永和宫有了孩子的啼哭与笑声。这是多么不寻常的快乐，连忙碌也显得那么轻盈与流动。有一个让她温暖的小生命胤禵，别的对她来说，都已经不重要。

以后，当胤禛成家，他与母亲乌雅氏，更多的也只是浮于礼节性的尊重。他似乎总是很安静的一个人。他的"隆科多舅舅"，也就是养母佟佳氏的弟弟，对他爱护有加。妻兄年羹尧，更是手握兵权，这些在旁人看来，似乎都不如他在春园读书，山池漫步，月下独酌，舟中纳凉，秋日赏菊。人们在他的诗作中看到他的悠闲自得，绝无野心。因诸子为皇位继承明争暗斗而大伤元气的康熙帝读了胤禛的《早起寄都中诸弟》，"一雁孤鸣惊旅梦，千峰攒立动诗思。凤城诸弟应相忆，好对黄花泛酒卮"，明白他有愿做群雁而不做孤雁的心意，也不由得大为赞赏。

他开始在诸皇子中韬光养晦，以避锋芒而遭嫉妒。给康熙帝留下的，是"惟四阿哥性量过人，深知大义"的印象。

在乌雅氏看来，这是暴风雨即将到来前的可怕的静谧，她已经无法阻止这一切。

其时她开始协助处理后宫事务，以德行服人，受到敬重。自孝诚仁皇后赫舍里氏难产去世，三年后，辅政大臣一等公遏必隆之女钮祜禄氏册封为皇后，仅半年，钮祜禄氏去世。佟佳氏则是登上皇后位置只有一天不到就去世，此后，康熙再也没有封后。

皇后确实不好当。在两汉二十九位皇后中就有十五个遭废囚或谋害，几乎都是由后妃之间的争斗造成的，唐代二十五个皇后中有十个中途被废除，几乎也都是争宠夺爱的结果。

乌雅氏不曾觊觎皇后的位置。尽管日后雍正以"本朝旧族，创世名家"一再抬高母家的地位，她知道这不过是他需要一个好出身而已。当他为了皇权而对亲兄弟及有恩于他的人举起屠刀，下发囚禁令，他的无情与决绝，让她窒息。

她曾经什么都不想要。后来，她希望皇十四子胤禵能登上皇位。

或许，她的初衷只因为两个字：平安。

柒

那么，雍正元年（1723 年）五月二十三日，究竟发生了什么？

这一日，夏日之气已葱茏。小朵小朵玫瑰色的云彩缓缓地没入天空深处。离秋日，金黄和深红的色彩散落，那些绸缎的碎片，还有许多时光。

“随将胤禵调回监禁，太后要见胤禵，皇上大怒，太后于铁柱之上撞死。”这是堪称“天下第一奇书”的《大义觉迷录》（图 37）中关于太后之死的记载。乌雅氏的死因是否真是由于雍正要囚禁自己的胞弟胤禵，太后想见自己最爱的儿子一面，遭到雍正的反对，以致太后撞在铁柱上而死，已经无从得知。但是，既然有此传闻，虽说也英烈，却也明显地指摘其缺乏太后之风范。

作为一国之君的母亲，身为皇太后，既然都是自己的亲生儿子，何以如此呢。

而她在世之时，不愿接受亲生儿子雍正帝登基后拟上的“仁寿皇太后”

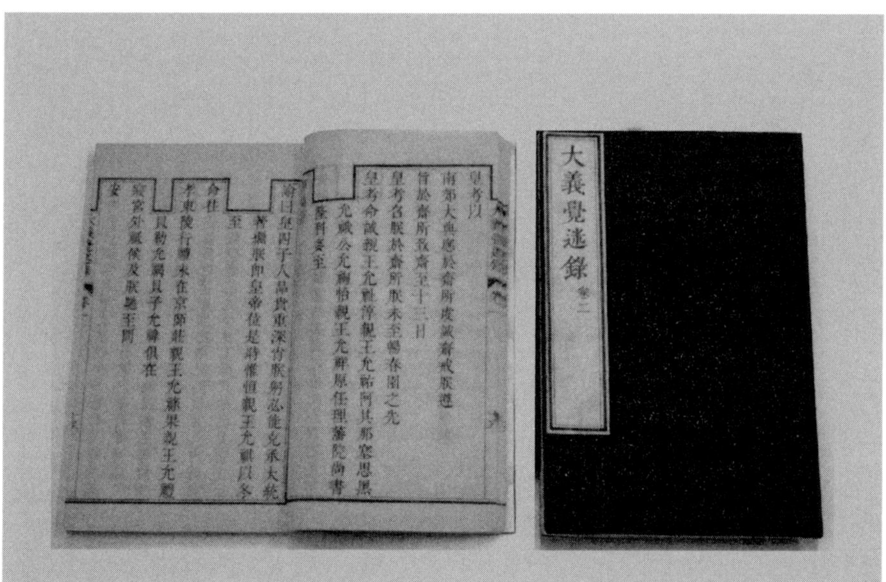

图 37 《大义觉迷录》记载康熙谕旨：“皇四子人品贵重，深肖朕躬，必能克承大统，著继朕即皇帝位。”

徽号，也不愿从原来居住的永和宫迁到皇太后的宁寿宫，并称“钦命吾子继承大统，实非吾梦想所期”（《清世宗实录》），人们就有理由认定她是因为自己的小儿子——最具皇位竞争力的皇十四子胤禵没当上皇帝而心有不乐。或者是，她知晓一些内情，心有难堪，以此让即位本来就困难重重的雍正更是面临尴尬局面。

确实，历史学家的眼光总是以回顾为主，并无预言的意义。我们疑惑在时空的某个点上发生的某些事。任何发问，当然也都是一种寻求。至于在遥远的地方的观望，也只是试图明白其中的合理性。

雍正在位，夙夜忧勤，励精图治。雍正末年，国库银两从康熙末年的八百万两左右增至六千余万两，上升了近十倍，可谓政绩斐然。倘若，皇十四子胤禵继承大统，能否如此，也未可知。

但是，历史的进程，没有假设。当我们局限在这些平凡而又琐碎的史料之中，梦想着发现主宰人类历史与人生的真理，这是尴尬的境地。

对于乌雅氏来说，人生到最后，所坚持的、纠结的、无奈的、苦痛的，终究只能——不了了之。

至于活着时，所有的一切，不过是与“不了了之”的抗争。

华美的冒险——记乌拉那拉氏

壹

灯笼易碎。

恩宠难回。

贰

该怎么说她?

她是乾隆皇帝弘历（图 38）的第二个皇后，也是清代唯一没有谥号的皇后。

她曾母仪天下，后来却被“打入冷宫”。

她死后，丧礼降格，不葬入帝陵，也不单建皇后陵。一副棺椁，寄人篱下，附葬于纯惠皇贵妃园寝中。实属死无葬身之地。

甚至许多年后，有个叫金从善的书生满怀不平，上书乾隆帝谈到立后之事，乾隆帝依然怒不可遏，将其斩立决。

这其中，究竟发生了什么?

《清史稿》中，关于乌拉那拉氏的这段人生际遇，只有短短的几句：

“（乾隆）三十年，从上南巡，至杭州，忤上旨，后剪发，上益不怿。令后先还京师。三十一年七月甲午，崩。上方幸木兰，命丧仪视皇贵妃。”

叁

图 38 乾隆帝小像

冬日的阳光透过薄薄的窗纸照了进来。热水刚刚好，正好没过双乳。水温也恰好，比阳光暖一点。她看着自己的身体，皮肤已经松弛，乳房下坠，在氤氲的水汽中，弥漫着疲惫与浑浊的气息。

可是，曾经，她也那样，有着牛奶般光泽、缎子般质感的肌肤。清亮的水流滑过身体，滑过饱满坚挺的乳房，乳头像两粒小颗的樱桃，小巧鲜嫩，顶着几颗水珠，闪着光亮。这样的年轻真好看。

那是乾隆二年(1737年),她从侧福晋册为“娴妃”,时年20岁。她的头发，细密黑亮。她的胴体，光滑、晶莹，几乎毫无瑕疵，包裹在一袭透明的白纱裙中，柔美的线条，勾勒得一清二楚。

那个夜晚，花蕊初放，暗香浮动。

她的身体，柔软、温润而又焦渴，如同花丛点点，铺开欲望之路。

她记得那夜他狂风骤雨般的激情。他的进入,如同一把匕首,坚决、有力，刻骨。他要撕毁些什么，花瓣散落一地，只有情欲挺进的痕迹。他又在重建，在她的身体上，试图寻找一个故园。激情如同决堤的江河，喷涌而来。他以这样的方式，简洁、率直、真诚地告诉她：你是我需要的女人。

此后，许多个夜晚，孤灯下，妆镜前，她描黛眉，点绛唇，都只为所有的记忆，其实不过是那一夜。

镜中的妆容总是会静静地淡去。

她起身，更衣，看着灰蒙蒙的天，宫殿像一个巨大的阴影，清冷、落寞，她依然孤身一人。

每夜，都是如此。

每次，都是如此。

她怎么也想不到，她的好运气突然就来了。

乾隆十三年（1748年）三月十一日，乾隆皇帝的富察氏皇后突然病逝。依皇太后之意，七月，乌拉那拉氏被晋封为皇贵妃，代行皇后职务，管理后宫事务，摄六宫事。乾隆十五年八月初二，她被册立为皇后。那年，她33岁。

乾隆十七年四月，她生下了皇十二子永璂。第二年生下了皇五女。乾隆二十年，又生下了皇十三子永璟。

这种感觉，如同你走在暗夜里，夜色厚重，甚而窒息，突然，云开雾散，月色清朗。这是上天何等的眷顾啊。

一晃这么多年过去了。这是乾隆三十年的正月，她陪乾隆皇帝第四次南巡。

江南的冬日，毕竟与京城不同。京城的冬日，干燥、严寒。而江南是湿冷。那种冷，冷入肺腑。

如同她此刻看到自己48岁的身体。时光的痕迹一览无余。有如枯黄的落叶，战栗着，落到大地。这是怎样的绝望。

已记不得何时开始，时间的隐喻会如此清晰地写在身体上。

门外经行处，传来细语笑声，娇喘连连，她的内心似被什么击中，跌入更深的绝望中。

肆

乾隆一朝，皇帝有六次南巡。

乾隆皇帝在《御制南巡记》中说："予临御五十年，举凡二大事，一曰西师，二曰南巡。"

他远征新疆，一举拓土二万余里，大清帝国，气派恢宏，威震遐迩。

南巡则是，"凡驻跸之所，皆建锦亭，联以画廊，架以灯彩，结以绮罗，备极壮丽"。这是何等的场面，这也是帝国政治腐败的开始。

乾隆帝无疑是玩性最足的帝王。短短33年，六次南巡，排场一次比一次大，耗费一次比一次多，大清国库银根短缺，国家元气大伤。

"六度南巡止，他年梦寐游"。第六次南巡结束，那年，他74岁，已是古稀之年。

世人好奇乾隆帝为何痴恋于江南，民间甚至流传乾隆帝乃海宁陈氏之子。这一问题看似荒谬，但它牵扯到清代影响最大的"悬案"之一——乾隆帝身世之谜。对此，乾隆帝的解释是："海宁往何为？欲观海塘形。"也就是说他南巡到海宁，只是为了视察耗费巨资修筑的钱塘江海塘工程，别无他意，大家不必多想。

可是，想那江南本是花柳繁华地，温柔富贵乡。用明朝皇帝朱元璋的话来说是：“佳山佳水佳风佳月，千秋佳地；痴声痴色痴梦痴情，几辈痴人。”六次南巡为哪般？倒也暗合了某些难以言喻的东西。

伍

秦淮河的夜晚，纵横着的画舫，悠扬着的笛韵，雾霭蒙蒙。水面灯火氤氲，似是六朝金粉所凝的迷离。一轮将圆未圆的明月，照得满湖，水波袅娜。波光皓月，画舫深歌。鬓影衣香，曼妙娇柔。有人意欲笙歌彻夜，满眼风尘色，逞一时放纵之乐。这个夜晚，与他南巡时的许多夜晚一样，涤荡着脂粉的香气与声色的迷乱。

夜深人静，她听到自己的悲叹。

这次南巡，经过济南。对他来说，济南是一座伤心之城。17 年前孝贤皇后富察氏就是在济南一病不起，后死于德州的。这一次，他为富察氏写了一首情真意切的追思之诗：

“济南四度不入城，恐防一入百悲生。春三月昔分偏剧，十七年过恨未平。”

对于随行的妃嫔们来说，似乎终于可以放下心来，乌拉那拉氏，她只不过是“统摄六宫”。事实上，在皇帝心中，17年了，她还是代替不了富察氏。

《金瓶梅》中，潘金莲说，哪有一只碗里放了两把羹匙还会不冲撞的呢。

乌拉那拉氏以为自己也能走进他的内心。现在她明白，或许他对她只是内疚，内疚而已，这又怎么能是爱？

她记得自己被册封为皇贵妃那年，他也写了一首诗。其中有句：“六宫从此添新庆，翻惹无端意惘然。”怕人看不懂，又自注道：“遵皇太后懿旨册封摄六宫事皇贵妃礼既成，回忆往事，辄益惘然。”

许多事情放在心里即可，他不仅写出来，而且昭告天下，路人尽知。

实在难堪。

用一生去爱一个男人，却无法敌得过一个死去多年的女子。

陆

紧跟着肉体的衰竭，就是灵魂的枯萎。

激情真是一种奇怪的东西，它能唤醒女人心中的爱，同时也能浇灭男人心中的幻想。

今晚，她知道，在画舫里，陪着他的，必然是哪位有着魅惑娇美神情的江南名妓。黎明的时候，他必然会回来。那时，皇太后还在鼾声中入睡。有一个凌晨，他的脚步轻轻地，停留在她的门口。那一刻，她几乎以为他要进来了，她的心一柔，万般的哀怨似乎突然消失殆尽。可是，他的脚步声渐渐远去，他推开的是那边魏佳氏的房门。

魏佳氏是近来较为得宠的妃子，她年轻貌美，深受乾隆帝喜欢。可是，许多年前，乌拉那拉氏不也是如此吗？她也年轻过。也等不及衰老来临，爱早已不在。在三宫六院中，妃嫔们的得宠，不都是如此吗？

她想起了富察氏。都说男人和男人之间可以漫不经心地相处着，女人则似乎生来就彼此互相敌视。那时，她已是娴贵妃。她留心地观察着皇后。

那天是乾隆帝的生日。富察氏拿出她自己亲手制作的鹿尾毛缘边制成的一个浅灰色的荷包。荷包有着细密的针线，朴素，简洁。在那么多稀世珍宝面前，这礼物是那么的不显眼，寒碜，简直难以置信。

富察氏呈上礼物。

乌拉那拉氏第一次看到了乾隆帝的这种神情。她从来不曾见过的。

其实，也没什么。

他静静地看了富察氏一眼。

世界就此静寂。

似乎只剩下他们两个人。

他轻轻地拿起荷包，带在身边。此后一直带在身边。其他所有的礼物，都是多余的。

富察氏终究是最懂乾隆帝的。她知道乾隆帝想要的是什么。

只是，这么多年，乌拉那拉氏都不能明白，富察氏为何在跟随乾隆帝东巡，突然去世。那年，富察氏才37岁。

柒

孝贤皇后（图39），富察氏，出身名门宦家，美貌端淑。雍正五年（1727年），雍正皇帝以独有的犀利目光，为皇四子弘历选择了这位具备成为大清一代贤后素质的女子。

这样的婚姻有一定的冒险性。让一个一生写过四万多首诗的帝王与被父亲指定的女子成婚，婚后他们感情笃挚，实属难得。

但是，他的婚姻轨迹清晰而又坚决。他得到了他需要的爱人。富察氏，也回报给他所有她能做到的通情达理。

乾隆十三年（1748年）二月初四，乾隆带着皇太后和孝贤皇后（图40）到山东曲阜一带巡游。三月十一日，沿水路回京时，孝贤皇后突然病死于船上。《乾隆起居注》载："乙未，驾至德州登舟。先数日，皇后偶感寒疾，至是日疾甚……夜半亥刻崩逝"。

孝贤皇后二月二十九日登上泰山，三月初四日还游览了济南的趵突泉，怎么会突然病死而毫无征兆呢？哪怕是在济南"偶感寒疾"，猝死依然疑团重重。

《中国历史大事编年》第五卷，清近代部分载：

"皇后富察氏投水死。十一日夜，乾隆帝东巡回驻德州，于舟中宴饮淫乐。皇后富察氏激切进谏，乾隆帝加以诟谇。后羞忿，投水死。皇太后得闻临视，悲恸良久。"

深情是担不起的重担。

平静地接受屈辱，是生活中最为赤裸的谎言。

其中的况味，谁能明白。

图39 佚名《孝贤皇后像》油画屏

捌

乌拉那拉氏开始相信孝贤皇后投水而死的。那一跳，一了百了。

南巡以来，她似乎突然明白，没有什么能比水的柔波，更能安慰一个女人面对突然的打击所带来的内心的痛苦。也没有什么，比身为皇后，面

图40 佚名《孝贤皇后朝服像》轴

对皇帝荒淫的行为，更为羞辱。

死后对她的思念何用？自私点，都只不过让自己内心有个念想之处。

现在，对于乌拉那拉氏来说，她也似乎正在面临当年孝贤皇后一样的选择。

漠视是爱在流失，还能听到水流的声音。羞辱，则是毁灭，不留余地，片甲不存。

她想过自己荒弃的时光。

为什么要用失去去衡量爱情?

他们也曾肌肤相亲，金风玉露一相逢，便胜却人间无数。但终究，如他所写的，“岂必新琴终不及，究输旧剑久相投”。

现在，年老色衰，厌倦之神势必降临。

哪怕贵为皇后，在皇帝面前，不过是地位稍高的奴婢而已。历代帝王，又有几个能恪守自己爱情的呢?

嘉靖皇帝据说也爱陈皇后，却因为陈皇后劝他不要与宫女淫乐，他临门一脚，不偏不倚正好踢在已怀有身孕的陈皇后的腹部，胎儿当即流产，年仅22岁的陈皇后含恨而死。

人类的本性驱动着人们不断地去追求极乐，而理性却要求把幸福建立于尊严的条件之上。

至于尊严，丧失了它的庇护所，人面临的最直接的威胁就是崩溃。

玖

所有的爆发，都只是长期的积愤。

那天早上，他们在杭州风景秀丽的“蕉石鸣琴”进早膳。燕窝、清蒸鸭子煳猪肉攒盘一品、孙泥额芬白糕一品、蜂糕一品、竹节卷小馒首一品、银葵花盒小菜一品、银碟小菜四品、大菜烫膳一品。那是“江春徽菜接驾宴”，堪称膳食之精华。那天早膳，皇帝还赏赐给乌拉那拉氏许多膳品。

一切看似好好的，却已是山雨欲来。

早膳后，皇帝就出去寻欢了。

“我们必须忍耐和克制”。

这已很难。

那天的事情其实很简单。对于乾隆帝来说，只不过是换上便服，登上一艘大船。船楼上有丝竹之声，浓妆妓女曼声而歌，正可谓寻芳选胜，折翠簪红，万花争出，千娇百媚。乾隆帝左拥右抱，饮酒调笑，快乐异常。突然皇后差两名太监及侍卫十几人前来要求皇帝回到行宫。乾隆帝压制着怒火离船登岸回到行宫，见到乌拉那拉氏，如同所有平常的夫妻，一场吵架在所难免。

事情到这一步，并不是不可收拾。只是，谁也想不到，乌拉那拉氏突然拿出剪刀，把自己的头发剪了下来。

拾

这是骇人的一幕。所有人都目瞪口呆。

一代国母，成了无发之人。岂不是“无法”之人?

柔弱的外表，毁灭的激情。

爱之不存，留“三千烦恼丝”做什么呢?

皇后的行为无疑大大触怒了皇帝。

乾隆帝当晚派额驸福隆安把皇后由水路送回京师。乾隆帝南巡回京后，她被打入冷宫。

一年后，她静静地死去。身边，只有两名宫女。

每个女人心中，都有你无法侵犯的底线。

这是华美的冒险。

身为六宫之首，冒犯一代帝王。它的结局势必惨烈。

这是必然的冒险。

无法拒绝的开始。无法抗拒的结束。

香妃的香——记香妃

艳寒宜雨露，香冷隔尘埃。

——唐・朱庆馀

壹

乾隆二十五年（1760年）二月，香妃入宫，那年她27岁。这个年龄对于进入宫廷的秀女来说，确实已不年轻。在此之前，她经历过怎样的婚姻或爱情，已经不重要。她本来就是奇异的女子，我们无法按照人生常规的轨迹去解释她。

乾隆帝与香妃（图 41）的第一次见面，是在二月初四。这一天，乍寒还暖，已有几分春意。紫禁城里，紫蓝与碎金的晨。迷宫般的宫殿，总有莫名的悒郁与躁动。这场景却也是出乎意料的美妙。绿叶间滴落的露珠，梅静静的绽放。她只是一个影影绰绰的亮相，一缕香味就已击中了乾隆帝的心。

人们常会不知不觉为某种独特或者熟悉的气味吸引。这是一种只能意会而不可言传的奇特感受。就如，在秋天，桂花的甜香，情欲纷至沓来，甜蜜的灼热，让人沉溺。

乾隆皇帝（图 42）无疑是喜欢香妃的。后宫佳丽三千，大多也不过是貌美如花。她终归不同。她身上似有特别的软香，却又清冽无比，让人欲仙欲死，又欲罢不能。这种气息，无法逃逸，满足了所有迷情的格局。在那隐约的香味中，——一种带电般的昏眩——这种幻象澄澈透明却又柔波漫溢——不要弄明白，哪怕是清醒的，依然在梦中。

没有什么能替代身体说话。唯有身体本身。

图 41　传为香妃戎装像

图 42 弘历岁朝行乐图

贰

我必须说明的是，据《清史稿》和《清皇室四谱》记载，乾隆帝的42位后妃中，并无一人是香妃。但确有一位来自西域回部，不过她的封号是“容妃”。至于她是否遍体生香，根本无从考证。容妃出生在西域和卓氏家族，又名伊帕尔罕。她的叔父和哥哥曾因配合清军平定新疆大、小和卓叛乱，作为有功之臣晋封辅国公。她是被哥哥作为“礼物”护送入宫献给皇帝的。乾隆五十三年（1788年）她去世，享年55岁。

一般公认的观点，香妃就是文献记载的容妃。

这似乎让人失落。她了无踪迹而又清晰可见，行迹鲜明而又无迹可寻。大凡游移于神话与现实之间的奇异女子，总以“蒹葭苍苍，白露为霜。有位佳人，在水一方”的“隔”与“远方”，唤起我们身上所有的恋慕。我想念你，我的灵魂已经附着在我的唇边，你却无可寻觅。就是如此。

乾隆皇帝的目光却早已穿过她的妩媚的身体。他在紫禁城武英殿专为她建造了一座充满异域风情的浴室，名叫浴德堂。每次熏沐，她在家乡沙枣花浸泡过的水中，露出皓如白雪的肌肤，海藻般的长发散在水面，一双像天上星星那么亮的眼睛凝望过来，娇艳之色，难描难画。她起身，湿漉漉的酮体，花瓣沾在身体上……她身上的脉脉奇香，像她家乡那一朵朵小小的、鹅黄色的沙枣花，簇拥着银灰色的树叶，缕缕飘香，一漾一垂，晃得人心襟荡漾……

犹如第一次陶醉于情爱的馥郁中，澎湃的激情，深切的渴望，混淆了诗意与现实、真实与浪漫，乾隆皇帝感受到一种前所未有的爱情。他必须去寻求，在无限中体会情爱——这份融化的美妙。

他以柔情的注视轻轻地将她揽进自己的怀中。这是无可名状的激情，他闭上眼睛，在黑暗中感受情欲的挺进，间或高亢激昂，间或静水流深。他可以清晰地感受到欲望中一股神秘的活力，每一个瞬间都似乎变得意味深长，每一番情爱的经历都应当细细地品味。那不是微风袭来激起涟漪，而是整个心灵的激荡。

叁

这是一座古建筑。

古人记载："大殿建筑，亦颇费匠心。明九暗七，四面皆走廊，周配角亭四座。殿中央起作为亭式，金顶火檐，高起云涌，有如天坛之钦年殿然，碧色之琉璃瓦与朱色盲柱相映壮丽，极尽辉煌之能事。"

尽管乾隆皇帝特允她在宫中穿着民族服装，专为她在宫中设立了清真厨师，每次赐给她的御膳也大都是羊肉和素菜，赐给她的新疆哈密瓜也比别的妃子多，但是，高墙黄瓦的皇宫禁地，依然无法阻止她的思乡之情。

传说宝月楼就是因此而建。它位于紫禁城西华门外的西苑南墙外。这座寝宫，也就是如今中南海的新华门。

它的装潢，颇具伊斯兰特色，甚至连庭院，也种上了从西域移植过来的沙枣树。这种银叶金果的沙枣树，又称香柳，在风中摇曳，沁人心脾，聊慰她的思乡之苦。

乾隆帝在《宝月楼记》中云："楼之义无穷，而独名之曰宝月者，池与月适当其前，抑亦有乎广寒之亭也。"寂寞嫦娥，广寒之宫，本是遥不可及，太虚之境，自古以来，引发多少缱绻，勾起几多幽思。乾隆皇帝以"广寒之亭"喻香妃居住的宝月楼，这种虚无缥缈无法拥有却又近在咫尺渗入骨髓的气息——在他内心的不可见之域——一种他从不知晓的情感，让他沉浸其中，无力自拔。

香妃这样的女子，本应天上有，世间只不过是她回眸时的短暂停留。如许尤物，空灵虚幻，本不应属于任何男人，哪怕乾隆皇帝，也应该只是偶尔投在她的波心。

她的得宠不言而喻。乾隆二十五年（1760年），她一入宫就从秀女直接晋升为"和贵人"。乾隆二十七年，她被封为容嫔，乾隆三十三年六月晋升为容妃。到乾隆四十三年，容妃已排到了所有妃子中的第三位。

人们不禁要问，自乾隆三十一年乌拉那拉皇后被废后，乾隆帝不再立后，后宫中地位最高的就是妃，香妃一生无子嗣，却何德何能排名第三？她曾九次跟随乾隆帝东巡，屡次南巡，乾隆帝第四次南巡时，她和她的哥哥图尔都随驾而行，宠爱何以延及其兄？她能让乾隆皇帝专门为其兴建一座寝宫，这又是何等的风光。这一切，难道都与她身上神秘而神奇的体香有关？

有人说，乾隆的母亲看他如此宠幸一个异域女子，实在忍无可忍，遂即赐给香妃一条白练，让她魂归故里了。

尽管无稽，确也说明，她的魅惑，让人为之惊、为之叹、为之恨。

肆

我要从一则古老的传说故事说起。

> 查德曼大帝晚年爱上一名日耳曼姑娘。朝廷大臣眼看国王耽溺于情欲，不顾君主尊严，荒废国政，都极为极为担忧。后来那位女子溘然逝去，朝臣们如释重负，然而为时不久，因为查德曼大帝的爱并没有随着那姑娘的死亡而消逝。国王命人将她那敷过香料的遗体搬入寝宫，寸步不离。杜宾主教对这骇人听闻的情欲，感到惊慌不已，他怀疑有魔法在作祟，坚持验查尸体。他在这女子僵硬的舌头底下，发现了一枚镶宝石的戒指。戒指一落入杜宾主教手中，查德曼便就疯狂地爱上了大主教，并仓促命人葬那位姑娘。杜宾为了避免困窘难堪，将那戒指扔进康士坦丁湖，查德曼便爱上了这个湖泊，在湖边徘徊，不忍离去……（唐诺为《巫言》序）

故事中的这枚戒指，正像巫者穿越边界之物，神奇而鬼魅。

无论是让帝王耽于情欲的日耳曼姑娘，还是她的敷过香料的遗体，找到戒指的杜宾主教，以及那个让查德曼大帝忧伤徘徊始终不愿离去的湖，这是看不见的疯狂。爱情是蛊，不知是谁所下，但你若被她勾引，将会狂热、苦楚，神魂颠倒，爱欲难解。

以爱情的名义，在这个故事里，戒指终究也成了魔法。那么，香妃可就像那一枚镶宝石的戒指，以一袭芳香法力无边？

情感中枢最古老的是嗅叶，负责接收和分析气味。就如，你能轻易地识别和自己很亲密的人身上独有的气味并为之迷恋和遐想，你能通过一种也许并不被别人所在意的气味突然地陷到某段回忆里去。

这幽幽的清香，如同冷香，夏日雨后的味道，或者，是那沙枣花，丝丝缕缕，芬芳无可言喻。

这种气息，也成了能够脱离一切明确而具体的人类行为中——最让人为之沉溺、为之放纵、为之迷离的部分。

作为乾隆皇帝的后妃，这位来自西域的身怀奇香的大漠女子，让尔虞我诈的后宫，如此美妙与不可捉摸。历史留下了这个称为“香妃”的女子，她却能将这段历史轻轻一笔戏谑而过。清宫的这段历史，也从来没有像这样，满足了我们每个凡夫俗子对于帝王之尊、后宫嫔妃的想象。

伍

我们试图寻找有关香妃的影子，为了确证有此人，并非只是我们的一厢情愿。迄今为止的考证，最早出现香妃之名的是光绪十八年（1892年）听园居士萧雄的《西域杂述诗》中的“纷纷女伴谒香娘”一语。萧雄在附录中还有一段关于“香娘娘”神奇身世的记述：

香娘娘，乾隆年间喀什噶尔人，降生不凡，体有香气……

对这个香娘娘的另一个佐证材料，来自1914年故宫古物陈列所搞了一批文物展览，其中有一幅年轻女子的戎装像。画像下面有一段说明文字：

香妃者，回部王妃也。美姿色，生而体有异香，不假熏沐，国人号之曰香妃。

只是，据故宫博物院原副院长单士元回忆，这张画像定名为香妃，只是根据民国政府内务部一位官员说的“这大概就是香妃”，然后考虑到当时社会经济效益商定的，并没有查史料得来的。看来也不足为信。

而在北京陶然亭北芦苇丛中有个土堆，有人说这就是香妃的坟墓。上面不知何人题了“香冢”二字，镌刻着一首诗：

> 浩浩愁，茫茫劫。短歌行，明月缺。郁郁佳城，中有碧血。碧亦有时愁，血亦有时灭。一缕香魂无断绝，是耶非耶？化为蝴蝶。

“一缕香魂无断绝”，这首诗，给金庸《书剑恩仇录》中杜撰陈家洛与香香公主提供了想象空间。说起来，诗歌总能超越无常、有限、虚无、死亡，却又与生活之谜有着本质的联系。但诗意归诗意，大清王妃安身于此，终归不可信。

这么多人好奇历史上的香妃终究魂归何处。如果香妃真是容妃，那么，据史料记载，乾隆五十三年（1788年），55岁的容妃因病离世，葬入河北遵化清东陵的裕陵妃园寝。因为眷念家乡，她死后，她的嫂子苏德香将她的衣冠和遗物带回家乡。

如今在靠近塔克拉玛干沙漠的喀什的浩罕村，香妃的衣冠冢安放于此。这座伊斯兰建筑的古老的陵墓，埋葬着阿帕霍加五代共 72 人。墓边上，种着沙枣树。如果你在五六月份到这里，沙枣树把整个中亚大地变成了一个大香炉，穿越在沙枣林中，弥漫的沙枣花香，沁人心脾，让人突然感叹，这可是香妃的“香”？

陆

茫茫大漠，氤氲的情愫，簇拥着古韵流芳的驼铃声。一个西域女子，白衣胜雪，自大漠深处中逶迤而来。阳光琥珀似的照在她的身上，芳香四溢……

每个人的经验都只是一个私人问题，我们习惯透过历史凝视时间之外的东西，幸运的是，视觉给我们实现了想象的那一瞥。

香妃的这种气息，以“不可见”之“可见”，走进我们的内心。

几百年来，这一缕香，在人们内心辗转反复，逡巡不去，人们情愿信其有，也不愿相信她只是个文学中虚构的人物。

或许，因为她是我们内心最柔软的一段记忆，也是我们疲惫生活中的一份念想。这种记忆与念想，以个体的思念，拉开历史的帷幕，让人相信美好的存在。我们终究不忍她的缺席。

或许，她也是浪漫主义造就的一个审美、诗化的意象，一个脱离凡俗尘世的人。她令我们正视自己的内心，从而渴望返回内心。这是一种心灵的回归，是我们在理想与现实之间寻求的，诗意的栖居。

更多时候，我们知道，怀念香妃，只是怀念生命中那种令我们沉醉、迷恋、眷顾的东西。

它超越了世俗。这是一份温暖。

井底胭脂的另一种叙述——记珍妃

壹

珍妃（图 42）醒来的时候，已是夜晚。这是光绪二十年（1894 年）十月二十八日。景仁宫中，所有的颜色都充盈着夜色，在一片未成熟的光中闪躲，惊恐不安。

似是山谷的轮廓，幽玄浮升，不断有坚硬的褐色的内里，很低很重，一直试图在切近，渗入，却又在隔离、拒绝。如刀锋进入躯体，凛冽、切割与焚烧。在这种支离破碎的却又鲜活的知觉中，先有一股血腥，莽莽苍苍，穿过冰冷的沌黄的宫墙。

这一刻，身体似乎早已从这深宫旧院中游离出来。京城旧房子里的灰尘，广州梅雨季节发霉的味道，伯父长善府中落了一地的木棉花，马车碾过泥泞的路面，铁制品的锈迹斑驳，胶片的粘味，各种尘沙、气味……

万物遁入静默。或许只为听到回声。

晨曦中冷冻的空气罩着柠檬黄，亚麻黄，淡红，艳红……她的身体趴在大殿冰冷的砖面上，一丝光的影子从门廊外抖索着夹带着尘雾，直朦朦地进来，陪着这个白色的釉质，横陈着紫红、血红的道道血斑的身体上。这种感觉一瞬间变得很奇怪。

褫衣廷杖。脱光衣服，在大殿之上，任太监们举着或扁或方的木条鞭打。

这当然不是一出戏。她以为自己会求饶，流着眼泪、鼻涕，跪着满大殿乱爬，求慈禧太后宽恕。但是没有。

哪怕最荒谬的游戏，也有规则。

如同唱昆曲，前面的几段唱词之后，必须要有深厚的基本功，把爱与恨淋漓尽致地发挥出来，其间，哪怕残酷的厮杀，也要演得合情合理。

图 42　珍妃像

终归要结束的。继之以间歇的呻吟。最终，四周一片静寂，只有木头与肌肤碰撞，各种色彩迸溅。

她努力地想要睁开眼。她不知道这是徒劳的挣扎，连同姐姐瑾妃发出的各种歇斯底里的讨教求饶，顷刻也在耳边窸窸窣窣，乏力，困倦，她的身体在下沉，下沉……

贰

关于这一日的事情，清廷御医档案留下资料：

十月二十八日，太医张仲元请得珍妃脉息，六脉沉伏，抽搐气闭，牙关紧急，周身筋脉颤动。

目前留存的有同年十月二十九日，慈禧降下的一道懿旨：

本朝家法严明。凡在宫闱，从不准干预朝政。……瑾妃、珍妃著降为贵人，以示薄惩而肃内政。

十一月初二日，慈禧再降懿旨，将服侍珍妃的太监高万枝处死。

事情并没有结束。是细节在累积。越是实际的问题，越是危险。

光绪皇帝对于此事，内心并无多少挣扎。当师傅翁同龢为此事前去看望光绪，发现他“意极坦坦”。

贵为天子，他也难逃刑罚，“稍不如意，常加鞭挞，或罚令长跪。”（清太监寇连才笔记）。太后当众鞭打天子，历朝以来，闻所未闻。至少，他的老师翁同龢讲了这么多年的课，从来没有说过这样的案例。然而，在这个旧宫殿，什么都有可能发生。

没有谁，比他的父亲醇亲王奕譞更清晰自己儿子的命运。同治十三年（1874 年）十二月初五，同治帝载淳病逝。“参加了那次御前会议的翁同龢在日记中写过，当慈禧宣布载湉为嗣皇帝的话一出口，我祖父立即‘碰头痛哭，昏迷伏地，掖之不能起’。”（末代皇帝溥仪《我的前半生》）

那年他四岁。宣武门内的醇亲王府。他的父亲回到家中，绝望，无法自抑。北方的冬天，进入腊月，夜幕降临，寒冷铺天盖地。这个四岁的孩子，早早地抱到床上入睡了。

他真的记不得那日的情形了。他不知道父母面对他可以想见的未来，是怎样的悲伤。甚至，当他被穿上蟒袍补褂，抱上暖舆，在一队全副武装的士兵的护送下，进入宫中，他还在熟睡。

这是怎样的长觉啊？入睡的时候，他还是醇亲王爷嫡福晋所生之子，他的名字是载湉。一觉醒来，他是光绪皇帝，大清国的第十一位皇帝。

这一生，他都试图摆脱这种诡异的气息。

每个清晨都会照旧醒来，每个夜晚都要入睡——哪怕不眠。时光会让那些历经恐惧与挣扎洗礼的人，小心地安放内心紧紧依恋的东西，或是给他——多年前的暮色中一朵玫瑰的记忆。亦或许，铁盔铁甲，手持长剑，在茫茫丛林里行进，虚幻而又坚定。然而，当一个人被反复抛向那血淋淋的莫测的命运，恐惧与疲惫，希望与叵测，才是生活的具象。

时间开始变得躁动、窒息。不是时间在算计人性，而是人性在算计时间。

他不知前路，只知道路的开始。然而，总有一种在窄径上行走的冲动。幽暗中，有闷热潮湿的东西，在冲破，或许是惊雷，或许是场大雨，他的内核，能触碰到的东西，并没有躲闪，或许它也可以坚固。

那些血肉模糊、面目难辨的死者。那些必须活下去的，记忆。那些必须重复的，血液里的荣耀。——每个名字背后，总有无穷的喧嚣，也有莫名的苦痛。他怕的是另一个阴影——他与众生共同的命运。他没有生活。只有在死亡夹缝中，苦心孤诣、战战兢兢营造的——历史。

叁

早在很久以前，我就深知，你我不是一类人。我多情、任性、骄傲。

光绪十四年（1888 年）冬，慈禧太后为德宗（图 43）选后，在保和殿召被选之各大臣少女进内，依次排立。我就在其中。

与选者五人，首列那拉氏，都统桂祥女，慈禧之侄女也；次为江西巡抚德馨之二女，末列就是我和姐姐，他他拉氏，满洲镶红旗，祖父裕泰曾任湖广、闽浙和陕甘总督，父长叙任兵、刑、户三部侍郎。

当时太后上座，德宗侍立，荣寿固伦公主及福晋命妇立于座后。前设小长棹一，上置镶玉如意一柄，红绣花荷包二对，为定选证物。

我穿着藕荷江绸棉上襦，月白色百褶裙，手上一串绿玉手串，简洁、温婉又不失活泼。

在我很小的时候，我和姐姐是在广州长善伯伯家度过的。我第一次吃到新鲜的荔枝，那一层半透明凝脂状的果肉，白中透青，莹润腴滑，甜糯又略带酸，耐人寻味。我一时怔住，再也舍不得吃。几天后，当我小心翼翼地打开竹篮子，这些荔枝依然静静地等待着我，它们已经腐烂。在我与往后所有的有关植物的游戏中，我都试图回到那个记忆中。这是奇怪的感觉。

图 43　光绪帝

那也是我第一次见到光绪。

“光绪拿起一柄如意，交给谁，实在是很明白的事。大殿里静得连一根针掉在地上都听得见，所有的视线都集中在皇帝身上。”

有人说，光绪在五个与选者当中，对我是一见钟情，所以后来最宠幸的也是我。我所经历的，未必是人们津津乐道的。我只能告诉你，当时光绪的眼睛并没有在我脸上停留。他的手一伸——每一个人的心都悬了起来——那柄如意是递向第二个人，德馨的长女。

慈禧太后（图 44）大喝一声：“皇上！”

这是真正的一声雷。光绪一惊，差点将玉如意摔在地上。

那一刻，我心里很悲伤。那是 13 年来，我第一次感觉的悲伤。哪怕

图44 慈禧太后着色像

10岁那年的春天，离开广州，路上看到那些在眼前掠过的绿色的油菜花，翠鲜中那般嫩黄的花，也只是惆怅。而现在，这个男人，瞬间煞白的脸色，沮丧，像一个受伤的孩子，让我难过。

后人总将光绪选后与同治作比。我听闻的故事是这样的。据说当时西太后慈禧与东太后慈安在同治选后一事上立场不一。慈禧欲立凤秀之女富察氏为后，慈安则想立阿鲁特氏。同治就像光绪现在这样，手执玉如意，犹疑不决。但是，他很快有了惊人一举——似是不小心，把茶水泼溅到地上，让富察氏和阿鲁特氏从泼过茶水的地上走过。

只见富察氏微微拎起身上美丽的皮袍，踮起脚尖，小心翼翼地跨了过去。阿鲁特氏则从容大方地走过，仿佛脚下的水不存在似的，依旧是那么端庄稳重。

同治对高高坐在上面的两宫太后说："提衣服的爱衣，不提衣服的知礼。选妃选色，选后选德。儿愿立崇绮之女为后。"

慈禧当即脸色铁青，全身发抖。

后世在说到帝王选妃时，时常会套用同治这段故事，不过张冠李戴而已。然而，阿鲁特氏日后的悲惨命运，在同治递给她玉如意时已经写就。这是一位日后备受婆母虐待的皇后。同治死后，22 岁的她据说是吞金而死，让人凛然。

回到光绪十四年。我亲历的这一幕，终已成为历史故事，为人所述。此刻，慈禧脸色发青，神情异常可怕。历史或许会有惊人的相似。但是光绪先懈怠下来，他将如意递给相貌平平，长自己两岁的叶赫那拉氏。

至于我与姐姐，并不是光绪所定。其时他没有一丝笑意，管自走回原位。慈禧说："大格格！拿这一对荷包，给长叙家的姊妹。"

有人说："皇帝名为亲政，实则'虽君亦臣'。"此言极是。

后来许多人会说起这桩往事。1930 年故宫博物院所出的《故宫周刊·珍妃专号》，以及《清宫八大疑案》、高阳的《母子君臣》，都对当时这一幕作了详尽记载。历史是人写的，在叙述中得以不断编纂。

其实，我想告诉你们的是，我第一次见到光绪，他给我的，就是多年前的一个傍晚，打开盛放荔枝的竹篮子的记忆。

多年来，我一直在试图解释这个莫名的感觉。

仅此而已。

肆

光绪皇帝平日一见隆裕，就想躲。隆裕皇后内心凄苦。徐珂撰《清稗类钞·宫闱类》中云：德宗所最宠幸者为瑾妃珍妃，二妃为同怀姊妹，珍妃色尤殊。孝钦以隆裕后不得志于德宗，迁怒二妃，遇之甚苛。

人们探究慈禧对珍妃的苛责，寻找种种缘由，诸如“隆裕后不得志于德宗”，孝钦“迁怒”，或说珍妃以其才华与美貌，引得慈禧妒恨。事实上，关于珍妃被褫衣廷杖，降为珍贵人，幽闭在宫西二长街百子门内牢院长达一年之久，姐姐瑾妃也降为瑾贵人，其中缘由，绝不是“迁怒”或者妒意那般简单。

内心的欲念，倘若无可遏制，终遭大祸。

珍妃生性烂漫，她给了光绪许多快乐。《故宫周刊·珍妃专号》引白姓宫女之言，云：珍妃貌美而贤。曾任监察御史的胡思进《国闻备乘》则称：珍妃工翰墨，善棋，德宗尤宠爱之，与皇后不甚亲睦。《慈禧轶事》云，珍妃貌既端庄，性尤机警。髫龄时，曾受书于芸阁学士，能通经史大义。光绪平日“见西后如对狮虎，战战兢兢，因此胆为之破”，在珍妃面前，已然开始释放身上禁锢已久的任何事物。而这种极端的信任，会导致极端的危险。

先是，木厂掌柜满人玉昆外放四川盐茶道一事。《清朝野史大观》第三辑《倾人逸事》卷四，恽毓鼎撰《崇陵传信录》，对此事都有记载：

召见日，上见其举动粗鄙，心恶之，因询其曾否读书？

玉对：曾读《百家姓》及《大学》。

上授以笔，命书履历，良久仅能成“玉昆”二字。

上怒斥出，即日罢之。

一个文盲居然去当道员，这官卖得也实在不像话。光绪心知肚明，也不便说些什么，当即罢其官职了事。

这以后，最引发众议的还是鲁伯阳谋上海道一职。根据此时担任吏部主事的何刚德在《春明梦录》一书中的记载，按规定，凡此类要职授缺，都是军机处提出候选名单，送给皇帝选定。没有列入候选名单的，即便是皇帝，一般也不能授缺。但是，这次上海道空缺，皇帝却指名要任命鲁伯阳。

胡思进《国闻备乘》记载：鲁伯阳进四万金（相当于 800 万元人民币）于珍妃言于德宗，遂简任上海道。江督刘坤一知其事，伯阳莅任不一月，即劾罢之。

恽毓鼎撰《崇陵传信录》提及此事，也以“鲁伯阳通贿德宗宫禁而得上海道”。

两书的记载如此相同，这次珍妃卖出去的，是一个肥缺。由于职位之重要，激起了官场的热议，御史们纷纷弹劾，鲁伯阳的上海道乌纱帽终于告吹。

光绪在为帝生涯中，最高权力始终被慈禧所掌控。从垂帘听政到监政，慈禧视在位皇帝为无物。但是，虽说慈禧也曾借卖官鬻爵营私图利，她所鬻卖的官爵，还是有所选择。王照在《方家园杂咏纪事诗》中记述，“凡太后所卖之缺，分为数类”。其中，诸如各省三品以上大员，学政、主考，不会以私心而卖。珍妃确有通贿之实迹，以鲁伯阳、玉昆为例，确实过分。

“珍妃得罪之由，实不胜太监婪索，奔诉那拉后。太监恨之，因悉举发鲁伯阳等事，以有乙未十月之谴。”（黄濬《花随人圣庵摭忆》1943 年初刊）。珍妃得罪，另一原因就是珍妃不肯接受慈禧跟前的太监勒索，太监遂将此事告密于慈禧。

《翁同龢日记》记其降谪情形如此：

光绪二十年十月二十九日。太后召见枢臣于仪鸾殿，次及宫闱事，谓瑾、珍二妃有祈请干预种种劣迹，著降为贵人等因。臣再三请缓办，圣意不谓然。

事已至此，动及慈禧太后大忌，慈禧太后对珍妃大为警觉，因而勃然大怒，光绪有心袒护，也已经无能为力了。

伍

我该怎么说，你们才会懂我。

光绪二十一年（1895 年）十一月，我结束了长达一年的幽禁，与姐姐复封为妃。

明清两朝明令规定：后宫不得干预朝政。清代也没有任何一个皇帝像宋真宗那样留下过让皇后“权柄军国事”的遗诏。清代皇帝对后妃参政防范甚严，咸丰皇帝死前，为了防止后妃干政，而采取安排“顾命大臣”以遏制两宫太后尤其是慈禧。然而，孝庄在前，慈禧殿后，后宫不许干预朝政，成了一纸空文。

世人以为我卖官，是为后宫干政，欲走慈禧太后之路。其实，她是为权力而生。我或许更多的是考虑谋生。清宫有制，皇后每年例银不过千两，递减至妃这一级别，每年仅 300 两，嫔为 200 两，亏空日甚而为之。当初，慈禧召我面询，我坦承此事，并谓：“上行下效，不是老佛爷开端，谁敢如此？”使得慈禧大怒。

王照《德宗遗事》说：“慈禧卖各种肥缺为常事，珍妃曾一效之，遂立败。”通贿卖官，确是我一生的耻辱。我自此闭口。

历史是被人推着往前走的。三年后的戊戌变法，犹如一场大梦。早在我幽禁期间，《马关条约》已经签订，面对随之而来的甲午之败，以及亡国的可能，康有为为首的改良派公车上书，请求光绪帝变法维新，自然是启发了光绪变法的决心。

他懦弱、善良，又踌躇满志。他说：“太后若不给我事权，我愿退让此位，不甘做亡国之君。”我们都被这样的未来所打动。他充满理想主义气质，但是，若是没有找到归属，他会更容易放弃一切希望。是屈从，更是不堪一击的软弱。

继之而来的戊戌政变，慈禧再次证明了她当权的野心和控制帝国的欲望。此后，光绪被囚于瀛台，成为皇宫中最尊贵的囚徒。我则被施以刑杖后，囚禁于景祺阁后面的小屋。

偶尔，我会听到很远的地方，一个女子哭泣的声音，抽抽搐搐，小心翼翼，又着实地悲伤。我想，她或许是我的姐姐瑾妃。

再以后，八国联军进攻北京，慈禧带着皇上、皇后以及我的姐姐瑾妃仓皇出逃。那年我 25 岁，慈禧命太监将我沉入慈宁宫后贞顺门的井中。

我的故事并没有终结，我也远没有你们想象的那样壮烈或者不堪。许多人总让我说说大历史中个体的命运。我只想告诉你，我没有叙述历史的悲情。对于一个女子来说，光绪二十六年（1900 年）七月的一天，意味深长。那是我囚禁两年后，第一次也是最后一次见到他。我对黑暗的习惯，隐没了天空中飞翔的飞鸟与日光下的金焰。但是，我知道他在远处注视着我——悲伤而无奈。

我们的身上总保留有某种静止不变的东西。

《清史稿·后妃列传》有我一生的小结："珍妃，恪顺皇贵妃，他他拉氏。二十六年，太后出巡，沉于井。二十七年，上还京师。追进皇贵妃。"

而我要怎样告诉你：

我曾那样地珍惜冬日里的阳光，以及，咿咿呀呀地，打开一个绿意氤氲的庭院的门，他就在那里，这是我所能想象的，自由和归属。

后记

很长一段时间了。从动笔写董鄂妃开始，到现在，差不多有两年，断断续续地，这本书稿终于完成。

这些女子，写得久了，她们会跳出来，在春日，或者冬夜，与我言语。于是，我试图听清她们声音里的情绪。可那一定是风吹过原野的声音，长河日落时飞鸟掠过的声音，雨打在寂静的书房的玻璃的声音。而她们，隐秘而无穷尽，又如从来没有存在过。

完稿是在一个夏夜。闷热，潮湿。我坐在书房，觉得内心空了一下。如我生命中路过的人，我想，我已经开始怀念。

我这一生，做过许多虚妄之事。譬如我同人说，我不会去写珍妃，这个与我同生日的女子的死亡气息让我无法靠近。我这样说的时候，却又觉得有什么东西始终在深深诱惑着我，让我极想去靠近。

去年，在故宫。大冷的天，踩着厚厚薄薄的冰块，经过一个寂寥的院落。抬头一看，景宁宫，珍妃当年居住的地方，于是径直走了进去。

已是暮色时分。天空是暗淡的青色，白白地晃着仅剩的一点日光。雪掩映着斑驳的地砖，灰尘已然结冰。几棵萧瑟的树，雕着古花纹的木窗——时光那么旧，一个女子对抗命运的屈辱与荣耀，早已隐入这个不知名的冬日。

可是，多年前，也一定有这样一个凝霜的暮色，她就在场。

我想，那一刻，就内心而言，我只是想写一本——可以带我进入另一种人生的书。

而她们，写得久了，也会出现在我的梦境中。或佩玉鸣銮，或妖娆沉郁。

她们各有轨迹，自有质地，或重或轻地敲击着走向命运的步子之间的神秘的空隙。我能做的，不是虚构，而是，试图触摸她们的内心。

这些后妃，用废名所说的：

不管天下几大的雨，装不满一朵花。

我想起她们，是不悲凉的。

感谢王亚民老师。感谢江英、王冠良两位女士。我的文字能遇到他们，是幸运的。

那海

2013 年 10 月 30 日

图书在版编目（CIP）数据

明清后妃的爱恨往事 / 那海著 . — 北京 : 故宫出版社，2014.7（2019.4 重印）

ISBN 978-7-5134-0569-0

Ⅰ. ① 明… Ⅱ. ① 那… Ⅲ. ① 后妃—列传—中国—明清时代 Ⅳ. ① K828.5

中国版本图书馆 CIP 数据核字 (2014) 第 040998 号

明清后妃的爱恨往事

著　　者：那　海
责任编辑：王冠良
装帧设计：王　梓　于朝娟
出版发行：故宫出版社
　　地址：北京市东城区景山前街4号　邮编：100009
　　电话：010-85007808　010-85007816　传真：010-65129479
　　网址：www.culturefc.cn
　　邮箱：gugongwenhua@yahoo.cn
制　　版：保定市万方数据处理有限公司
印　　刷：保定市中画美凯印刷有限公司
开　　本：787×1092毫米　1/16
印　　张：10.25
字　　数：80千字
版　　次：2014年7月第1版
　　2019年4月第4次印刷
印　　数：9,001~17,000册
书　　号：ISBN 978-7-5134-0569-0
定　　价：46.00元